완전한 같은 소고기 요리책

평일 밤을 더 편하고 맛있게 만들어줄 빠르고 저렴한 다진 소고기 레시피

상철 서

목차

소개

다진 소고기로 무엇을 만들까 고민되시나요? 그렇다면 당신은 올바른 장소에 왔습니다. 다진 소고기로 맛있는 것을 요리하는 방법은 아주 많습니다! 이 책은 맛있고 육즙이 풍부한 햄버거, 고기가 풍부한 파스타와 라자냐, 푸짐한 수프, 편안한 고기 파이, 소고기가 들어간 멕시코 요리, 테이크아웃보다 나은 아시아 요리 등 최고의 인기 있는 다진 소고기 요리법으로 여러분에게 영감을 줄 것입니다!

올바른 식사와 기분 좋은 식사를 원하신다면, 이 건강한 다진 소고기 요리법을 시작해보세요

아침

1. 육식동물 외플

제공량: 4 (와플 1 개)

재료:

● 다진 닭고기 또는 다진 칠면조 4 온스
● 계란 5 개
● 건조 파마산 치즈 2 테이블스푼
● 다진 쇠고기 4 온스

지도:

a) 냄비에 쇠고기와 닭고기를 넣고 물을 1~1~½ 컵 정도 붓습니다.

b) 냄비를 중간 불에 올리고 끓입니다. 불을 조금 낮추고 5~7 분간 끓입니다. 고기를 소쿠리에 옮깁니다. 10 분간 식혀주세요.

c) 약간 식힌 고기를 푸드프로세서 그릇에 넣습니다. 또한 계란과 파마산 치즈를 추가합니다. 정말 부드러워질 때까지 처리하세요.

d) 와플 다리미를 예열하세요. 철분 위에 혼합물의 ¼을 바르고 펴 바릅니다. 5-7 분 동안 또는 요리될 때까지 와플을 요리하세요.

e) 와플을 꺼내 접시에 담는다. 몇 분 동안 식힌 후 서빙하세요. 단계를 반복하고 다른 와플을 만드세요.

2. 육식동물 키시

인분: 8

재료:

- 다진 소고기 1 파운드
- 1 파운드 다진 소고기 간
- 1 파운드 다진 소고기 심장
- 필요에 따라 요리할 버터, 버터 기름, 우지 또는 원하는 기타 동물성 지방
- 소금 맛
- 계란 6 개

지도:

a) 파이 접시(9 인치) 2 개를 준비하고 버터나 버터 기름을 살짝 바르세요.

b) 오븐이 360°F 로 예열되어 있는지 확인하세요.

c) 그릇에 소고기, 소고기 간, 소고기 심장, 소금, 계란을 넣고 잘 섞습니다.

d) 혼합물을 파이 접시 2 개로 나눕니다.

e) 고기 파이가 굳을 때까지 약 15~20 분 동안 굽습니다.

f) 완료되면 각각 4 개의 동일한 웨지로 자르고 서빙하세요.

삼. 육식동물 구운 계란

인분: 2

재료:

- 소금에 절인 버터 $\frac{1}{2}$ 테이블스푼
- 말린 파슬리 $\frac{1}{2}$ 작은술
- 훈제 파프리카 가루 $\frac{1}{4}$ 티스푼
- 큰 계란 2 개
- 다진 쇠고기 3.5 온스
- 커민 가루 $\frac{1}{2}$ 작은술 ㅁ 입맛에 따라 소금과 후추
- 갈은 체다 치즈 $\frac{1}{4}$ 컵

지도

a) 오븐을 400°F 로 예열하세요.

b) 작은 오븐용 프라이팬에 버터를 넣고 센 불 위에 올려 녹입니다.

c) 쇠고기를 넣고 계속 저으면서 1 분간 조리합니다.

d) 파프리카, 소금, 후추, 커민, 파슬리를 넣고 섞습니다. 고기가 익으면서 찢어집니다. 불을 끄세요.

e) 팬 전체에 고기 혼합물을 고르게 펴십시오. 팬에 구멍을 2 개 만드세요. 구멍은 계란이 들어갈 만큼 충분히 커야 합니다.

f) 모든 구멍에 달걀을 하나씩 깨뜨려 보세요.

g) 프라이팬을 오븐에 넣고 계란이 원하는 대로 익을 때까지 굽습니다.

버거와 샌드위치

4. 땅딸막한 조잡한 조

제공량: 8

요리 시간: 15 분

재료

- 1 파운드 살코기 다진 쇠고기
- 다진 작은 호박 1 개
- 다진 작은 양파 1 개
- 다진 작은 토마토 1 개
- 라이트 스파게티 소스 2 컵
- 햄버거 빵 8 개, 분할

지도

a) 큰 프라이팬에 갈색 다진 쇠고기, 애호박, 양파를 중간 불로 10~12 분 동안 굽거나 쇠고기가 더 이상 분홍색이 아니고 애호박이 부드러워질 때까지 볶습니다.

b) 불을 중간 정도로 낮추고 토마토와 스파게티 소스를 넣고 섞습니다. 4~5 분 정도 더 약하거나 완전히 익을 때까지 조리하세요.

c) 빵의 아래쪽 절반에 숟가락을 얹고 빵 윗부분을 덮은 후 즉시 서빙하세요.

5. 바로가기 베이컨 치즈버거

제공량: 4

조리시간: 10 분

재료

- 1-1/4 파운드 다진 쇠고기
- 베이컨 비트 1/4 컵
- 잘게 썬 체다 치즈 1/2 컵(2 온스)
- 소금 1/2 티스푼
- 흑후추 1/4 티스푼
- 마른 빵가루 1/4 컵
- 물 1/4 컵
- 햄버거 빵 4 개, 분할

지도

a) 큰 그릇에 빵을 제외한 모든 재료를 섞습니다. 혼합물을 4 등분하여 패티 4 개를 만듭니다.

b) 달라붙지 않는 큰 프라이팬을 중간 불로 가열하고 패티를 6~8 분 동안 또는 육즙이 투명해질 때까지 가끔 뒤집으면서 볶습니다. 빵에 햄버거를 담아보세요.

6. 빵 위에서의 즐거움

제공량: 6

조리시간: 20 분

재료

- 1-1/2 파운드 다진 쇠고기
- 스파게티 소스 2-1/4 컵
- 황설탕 2 티스푼
- 으깬 또띠야 칩 1 컵
- 햄버거 빵 6 개

지도

a) 큰 프라이팬에 갈색 갈은 쇠고기를 중간 정도 높은 불로 약 8 분간 가끔 저어줍니다. 과도한 액체를 배출하십시오.

b) 남은 재료를 섞으세요. 불을 약하게 줄이고 완전히 익을 때까지 8~10 분 더 끓입니다.

c) 햄버거 빵에 서빙하세요.

7. 전자레인지용 치즈버거

산출량: 4 인분

재료

- 1 구운 파이 크러스트
- 다진 쇠고기 1 파운드
- 소금 1 티스푼
- 오레가노 $\frac{1}{2}$ 티스푼
- 후추 $\frac{1}{4}$ 티스푼
- 마른 빵가루 $\frac{1}{2}$ 컵
- 토마토 소스 1 캔(8 온스)
- 다진 양파 $\frac{1}{4}$ 컵
- 다진 피망 $\frac{1}{4}$ 컵
- 1 개의 계란, 밟아 다진
- 우유 $\frac{1}{4}$ 컵
- 각각 $\frac{1}{2}$ 티스푼: 소금, 마른 겨자, 우스터셔
- 잘게 썬 체다 치즈 2 컵

지도

a) 2 쿼트 캐서롤에 고기를 넣고 갈색이 될 때까지 5~6 분간 조리하고 저어줍니다. 물을 빼다.

b) 소금, 오레가노, 후추, 부스러기, 토마토 소스 $\frac{1}{2}$ 컵, 양파, 피망을 넣고 섞습니다. 빵 껍질로 변하십시오. 중간 온도에서 10 분 동안 조리하세요(또는 높은 온도에서 7 분 동안 조리하세요.) 계란에 우유를 추가하세요. 양념과 치즈를 넣고 저어주세요.

c) 고기 혼합물 위에 올려 놓고 중불에서 2 분, 강불에서 1-$\frac{1}{2}$ 분 동안 조리하세요. 브라운 3~4 분

샐러드

8. 라이터 스택 타코 샐러드

제공량: 12

조리시간: 10 분

준비 시간: 5 분

재료

- 살코기 다진 소고기 1 파운드
- 1(1.25 온스) 패키지 건조 타코 시즈닝
- 혼합
- 다진 방산 양상추 1 개(약 8 컵)
- 저지방 슈레드 체다 치즈 3/4 컵(3 온스)
- 강낭콩 1 캔(16 온스)을 헹구고 물기를 뺍니다.
- 잘게 썬 큰 토마토 2 개(약 2 컵)
- 구운 토르티야 칩 1 봉(8 온스), 으깬 것
- 달콤하고 매콤한 저지방 1 컵(8 온스)
- 프렌치 샐러드 드레싱

지도

a) 중간 크기의 프라이팬에 갈색 다진 소고기와 타코 시즈닝 믹스를 넣고 저어 고기를 으깨줍니다. 배수하고 식히십시오.

b) 큰 유리 그릇이나 다른 서빙 그릇에 양상추의 절반을 겹친 다음 치즈, 콩, 다진 소고기, 토마토의 절반을 겹칩니다. 레이어를 반복한 다음 으깬 토르티야 칩을 위에 올려주세요.

c) 서빙 직전에 드레싱을 뿌리고 잘 버무려줍니다.

9. 속이 꽉 차지 않은 양배추

재료

- 다진 쇠고기 1kg
- 다진 큰 양파 1 개
- 양배추 작은 머리 1 개
- 잘게 썬 토마토 2 컵
- 토마토 파스타 1 캔
- 물 1/2 컵
- 마늘 2 쪽
- 소금 2 티스푼

지도

a) 쇠고기와 양파를 갈색이 될 때까지 요리합니다. 남은 재료를 넣고 끓입니다.

b) 양배추가 부드러워질 때까지 30 분간 끓입니다.

10. 호아신 쇠고기 양상추 컵

재료:

- 다진 소고기 $\frac{1}{4}$ 파운드
- 옥수수 전분 2 작은술
- 코셔 소금
- 갓 갈은 후추
- 식물성 기름 3 테이블스푼을 나누어서
- 껍질을 벗겨 잘게 다진 생강 1 테이블스푼
- 잘게 다진 마늘 2 쪽
- 껍질을 벗겨 잘게 썬 당근 1 개
- 깍둑썰기한 밤나무 1 개 (4 온스) 캔, 물기를 뺀 후 헹구기
- 호이신 소스 2 테이블스푼
- 쪽파 3 개, 환색 부분과 녹색 부분을 분리하여 얇게 썬 것
- 8 개의 넓은 방산 (또는 비브) 상추 잎, 깔끔한 둥근 컵으로 손질

지도:

a) 그릇에 쇠고기에 옥수수 전분을 뿌리고 소금과 후추를 조금씩 넣습니다. 잘 섞어서 결합하십시오.

b) 물 방울이 지글지글 끓고 접촉 시 증발할 때까지 냄비를 중간 정도 높은 불로 가열합니다. 식용유 2 큰술을 두르고 웍 바닥에 코팅해줍니다. 쇠고기와 갈색 고기를 양쪽에 추가한 다음, 쇠고기가 더 이상 분홍색이 아닐 때까지 3~4 분 동안 쇠고기를 부스러지고 뭉치게 하면서 뒤집습니다. 쇠고기를 깨끗한 그릇에 옮겨 따로 보관합니다.

c) 웍을 깨끗이 닦고 중간 불로 되돌립니다. 남은 기름 1 테이블스푼을 넣고 생강과 마늘을 소금 한 꼬집으로 빠르게 볶습니다. 마늘 향이 나자마자 당근과 마름을 넣고 당근이 부드러워질 때까지 2~3 분간 볶습니다. 불을 중간으로 낮추고 쇠고기를 냄비에 다시 넣고 호이신 소스와 쪽파 흰자를 넣고 버무립니다. 약 45 초 동안 섞어서 섞습니다.

d) 상추 잎을 접시당 2 개씩 펼치고, 쇠고기 혼합물을 상추 앞에 고르게 나눕니다. 쪽파로 장식하고 소프트 타코처럼 먹습니다.

다진 쇠고기 캐서롤

11. 레이어드 스파게티 캐서롤

제공량: 6

조리 시간: 32 분

준비 시간: 5 분

재료

- 약하지 않은 스파게티 8 온스
- 1 파운드 잡지 척
- 다진 작은 양파 1 개
- 버섯이 들어간 파스타 소스 1 병(26 온스)
- 버터 1/4 컵
- 다용도 밀가루 1/4 컵
- 연유 1(12 온스) 캔
- 갈은 파마산 치즈 1/2 컵
- 소금 1/4 티스푼
- 흑후추 1/4 티스푼
- 잘게 썬 샤프 체다 치즈 2 컵(8 온스)을 나누어 준비합니다.

지도

a) 1. 포장된 사용법에 따라 파스타를 요리하세요. 물을 빼다.

b) 2. 그 사이에 쇠고기와 양파를 프라이팬에 넣고 중간 불로 악히면서 쇠고기가 부서지고 더 이상 분홍색이 아닐 때까지 저어줍니다. 물을 빼다. 파스타, 고기 혼합물, 파스타 소스를 큰 그릇에 넣고 섞습니다. 던져서 결합하십시오. 따로.

c) 3. 오븐을 화씨 400 도까지 예열합니다. 냄비에 버터를 넣고 중간 불로 녹입니다. 밀가루를 저어주세요. 1 분 동안 요리하세요. 점차적으로 우유를 휘젓습니다. 5 분간 또는 걸쭉해질 때까지 요리합니다. 열을 제거하십시오. 파마산 치즈, 소금, 후추를 넣고 저어줍니다.

d) 4. 스파게티 혼합물의 절반을 기름칠을 살짝 한 7x11 인치 베이킹 접시에 붓습니다. 스파게티 위에 치즈 소스를 부어주세요. 체다 치즈 1 컵을 뿌린다. 남은 스파게티 혼합물을 얹고 남은 체다 치즈 1 컵을 뿌립니다. 15 분 동안 또는 치즈가 녹을 때까지 굽습니다.

12. 엔칠라다 캐서롤

요리 시간: 25 분

준비 시간: 15 분

재료

- 다진 목살 2 파운드 ▯ 잘게 썬 양파 1 개
- 2(8 온스) 캔 토마토 소스
- 물기를 뺀 멕시코산 캔 1 개(11 온스)
- 엔칠라다 소스 1 캔(10 온스)
- 고추가루 1 티스푼
- 커민 가루 1/4 티스푼
- 흑후추 1/2 티스푼
- 소금 1/4 티스푼
- 옥수수 토르티야 10 개(5 인치) 분할
- 잘게 썬 체다 치즈 2 컵(8 온스)을 나누어 준비합니다.

지도

a) 1. 소고기와 양파를 큰 프라이팬에 넣고 중간 불로 끓입니다. 소고기가 부서지고 더 이상 분홍색이 아닐 때까지 저어줍니다. 물을 빼다.

b) 2. 오븐을 화씨 375 도까지 예열하세요. 토마토 소스와 다음 6 가지 재료를 고기 혼합물에 넣고 저어주세요. 종기에 가져다. 불을 중간으로 줄이고 가끔 저어주면서 뚜껑을 덮지 않고 5 분간 조리합니다.

c) 3. 기름칠한 9x13 인치 베이킹 접시 바닥에 토르티야 절반을 놓습니다. 토르티야 위에 소고기 혼합물의 절반을 스푼. 치즈 1 컵을 뿌린다. 남은 토르티야와 소고기 혼합물로 층을 반복하십시오.

d) 4. 10 분간 굽는다. 남은 치즈를 뿌린다. 5 분 정도 더 굽거나 치즈가 녹을 때까지 굽습니다. 원하는 경우 사워 크림과 함께 제공하십시오.

13. 야채 쇠고기 캐서롤

조리 시간: 24 분

재료

- 약하지 않은 팔꿈치 마카로니 8 온스
- 1-1/4 파운드 지상 원형
- 카놀라유 1 테이블스푼
- 해동된 냉동 혼합 야채 1 봉지(16 온스)
- 희석하지 않은 버섯 수프 크림 1 캔(10-3/4 온스)
- 우유 1 컵
- 말린 오레가노 1/2 티스푼
- 갈은 후추 1/4 티스푼
- 우스터셔 소스 1 티스푼
- 희석하지 않은 셀러리 크림 수프 1 캔(10-3/4 온스)
- 잘게 썬 샤프 체다 치즈 1/2 컵(2 온스)

지도

a) 포장의 지시사항에 따라 파스타를 요리하세요. 배수하고 따로 보관하십시오.

b) 오븐을 425°F 로 예열하세요.

c) 쇠고기가 부서지고 더 이상 분홍색이 아닐 때까지 저으면서 중간 정도 높은 불로 큰 프라이팬에 쇠고기를 요리합니다. 물기를 빼고 쇠고기를 따로 보관하십시오.

d) 같은 프라이팬에 기름을 넣고 중간 불로 가열합니다. 야채를 넣고 2 분간 볶습니다. 버섯 크림 수프와 다음 4 가지 재료를 섞으세요.

e) 끊임없이 저어 주면서 끓입니다. 불을 중간으로 줄이고 걸쭉해질 때까지 4 분간 조리합니다.

f) 파스타, 쇠고기, 야채 혼합물, 셀러리 수프를 큰 그릇에 담습니다. 혼합물을 살짝 기름칠한 9x13 인치 베이킹 접시에 숟가락으로 담습니다. 치즈를 뿌린다.

g) 뚜껑을 덮지 않고 10 분간 또는 치즈가 녹을 때까지 굽습니다.

14. 피자 캐서롤

조리 시간: 22 분

재료

- 1 파운드 살코기 다진 쇠고기
- 1 개(14.5 온스)는 바질, 마늘, 오레가노를 곁들인 잘게 썬 토마토 수 있습니다.
- 1(10 온스) 용기에 담긴 냉장 피자 크러스트
- 잘게 썬 모짜렐라 치즈 2 컵(8 온스)을 나누어 준비합니다.
- 갈은 파마산 치즈 1/4 컵

지도

a) 1. 오븐을 화씨 425 도까지 예열합니다. 9 x 13 인치 베이킹 접시에 쿠킹 스프레이를 바릅니다.

b) 2. 중간 프라이팬에 갈색 갈은 쇠고기를 중간 불로 올려 분홍색이 남지 않을 때까지 쇠고기를 저어줍니다. 물을 빼다.

c) 3. 쇠고기에 토마토를 추가합니다. 완전히 가열될 때까지 요리하세요.

d) 4. 그동안 피자 크러스트를 펼치십시오. 준비된 베이킹 접시의 아래쪽과 위쪽의 중간 부분을 누릅니다. 크러스트 위에 모짜렐라 치즈 1 컵을 뿌린 다음 고기 혼합물을 그 위에 얹습니다.

e) 5. 뚜껑을 덮지 않고 12 분간 굽습니다. 남은 모짜렐라 치즈 1 컵을 얹고 파마산 치즈를 뿌립니다. 5 분간 굽거나 크러스트가 황금색이 되고 치즈가 녹을 때까지 굽습니다. 정사각형으로 자르고 봉사하십시오.

15. 표고버섯 & 치즈버거 캐서롤

제조사: 6

총 시간: 20 분

재료

- 1 파운드 다진 소고기 (80/20)
- 4 온스 표고버섯, 얇게 썬 것
- 아몬드 가루 1/2 컵
- 잘게 썬 콜리플라워 3 컵 lc 치아씨드 1 테이블스푼
- 마늘가루 1/2 티스푼
- 양파가루 1/2 티스푼
- 케첩
- 디종 머스타드 1 테이블스푼
- 마요네즈 2 테이블스푼
- 4 온스 체다 치즈
- 소금과 후추 맛

지도

a) 오븐을 화씨 350 도까지 예열하세요.

b) 큰 믹싱볼에 모든 재료와 체다 치즈 절반을 섞습니다.

c) 혼합물을 양피지를 깐 9x9 베이킹 팬에 붓습니다. 그런 다음 나머지 절반의 체다 치즈를 위에 뿌립니다.

d) 상단 선반에서 20 분간 굽습니다.

e) 슬라이스 후 추가 토핑과 함께 제공합니다.

다진 소고기 찰리

16. 신시내티 칠리

제공량: 4

조리 시간: 36 분

재료

- 1 파운드 살코기 다진 쇠고기
- 다진 작은 양파 1 개
- 무가당 코코아 1 테이블스푼
- 고춧가루 2 작은술
- 갈은 고추 1/2 티스푼
- 갈은 올스파이스 1/4 티스푼
- 계피가루 1/4 티스푼
- 으깬 토마토 캔 1 개(28 온스)
- 1(6 온스) 캔 토마토 페이스트
- 물 1/4 컵
- 설탕 1 테이블스푼
- 소금 1/2 티스푼

지도

a) 큰 냄비나 수프 냄비에 갈색 쇠고기와 양파를 넣고 중불에서 6~8 분간 또는 고기에 분홍색이 남지 않을 때까지 볶습니다.

b) 여분의 액체를 배출한 다음 냄비를 스토브에 다시 넣고 남은 재료를 추가합니다. 잘 섞다.

c) 끓으면 불을 약하게 줄이고 가끔씩 저어주면서 30 분 동안 끓입니다.

17. 쇠고기와 소시지 찰리

제공량: 8

조리시간: 50 분

재료

- 2-1/2 파운드 살코기 다진 쇠고기
- 1-1/2 파운드 이탈리안 소시지(껍질 제거됨)
- 잘게 썬 큰 양파 2 개
- 다진 마늘 2 쪽
- 물기를 빼지 않은 진한 붉은색 강낭콩 2 캔(각각 15-1/2 온스)
- 으깬 토마토 1 캔(28 온스)
- 고추가루 1/4 컵
- 커민 가루 1 티스푼
- 소금 1 티스푼
- 흑후추 1/2 티스푼

지도

a) 수프 냄비에 다진 소고기, 소시지, 양파, 마늘을 넣고 자주 저어주며 센 불에 20~25 분 동안 끓입니다.

b) 나머지 성분을 추가합니다. 잘 섞어서 끓입니다. 불을 중간 정도로 낮추고 가끔씩 저어주면서 30 분간 끓입니다.

18. 기운찬 검은콩 찰밥

메이커: 4 컵

요리 시간: 16 분

준비 시간: 3 분

재료

- 1/4 파운드 다진 쇠고기
- 고추가루 1 테이블스푼
- 검은콩 1 캔(19 온스), 헹구고 물기를 뺀다
- 물기를 빼지 않은 으깬 토마토 캔 1 개(14-1/2 온스)
- 핫 살사 1 병(8 온스)
- 슈레드 체다 치즈

지도

a) 다진 쇠고기를 큰 프라이팬에 넣고 중불로 요리하며, 부서지고 더 이상 분홍색이 아닐 때까지 저어줍니다. 잘 배수하십시오. 고추가루를 추가하세요; 계속 저으면서 3 분 동안 요리합니다.

b) 검은콩, 토마토, 살사를 추가합니다. 종기에 가져다. 뚜껑을 덮고 불을 줄이고 계속 저으면서 5 분간 끓입니다. 각 서빙에 치즈를 뿌립니다.

19. 두툼한 야채와 쇠고기 찰리

제공량: 4

요리 시간: 1 시간

재료

- 다진 쇠고기 2 파운드
- 다진 양파 1 개
- 으깬 토마토 캔 1 개(28 온스)
- 물기를 빼지 않은 핀토 콩 1 캔(16 온스)
- 물 1/2 컵
- 꿀 2 큰술
- 굵게 다진 큰 호박 2 개
- 굵게 다진 빨간 피망 2 개
- 고춧가루 3 큰술
- 소금 1-1/2 티스푼
- 흑후추 3/4 티스푼

지도

a) 6 쿼트 수프 냄비에 쇠고기와 양파를 중간 정도 센 불로 5~6 분간 또는 쇠고기에 분홍색이 남지 않을 때까지 갈색으로 굽습니다. 여분의 액체를 배출하십시오.

b) 나머지 성분을 추가합니다. 잘 섞은 뒤 뚜껑을 덮고 끓입니다. 불을 약하게 낮추고 45~50 분간 추가로 끓이거나 야채가 부드러워질 때까지 가끔씩 저어줍니다.

20.빵 그릇 칠리

제공량: 8

조리시간 : 40 분

재료

- 다진 소고기 2 파운드
- 다진마늘 1 티스푼
- 1(28 온스) 으깬 토마토 캔
- 물기를 빼지 않은 붉은 강낭콩 2(15 온스) 캔
- 1 온스 봉투 양파 수프 믹스
- 고추가루 3 큰술
- 카이저 롤 8 개

지도

a) 큰 냄비에 다진 소고기와 마늘을 넣고 중간 불로 끓인 후 10 분간 갈색이 되도록 볶습니다.

b) 으깬 토마토, 강낭콩, 양파 수프 믹스, 칠리 파우더를 추가합니다. 잘 섞어서 자주 저어주면서 끓입니다. 불을 약하게 줄이고 30 분간 끓입니다.

c) 한편, 각 롤의 상단에서 1-1/2 인치 원형을 자르고 빵 원형을 제거합니다. 덩크를 위해 칠리와 함께 제공할 서클을 예약하세요. 롤의 속을 비우고 측면 주위에 빵을 1/2 인치 남겨두고 그릇을 만듭니다.

d) 접시에 빵 그릇을 놓고 그 위에 칠리를 숟가락으로 올려 칠리가 넘치도록 합니다.

21. 파스타 에 파지올리

제공량: 10

재료:

- 1 ½ 파운드 다진 쇠고기
- 다진 양파 2 개
- 고춧가루 ½ 티스푼
- 올리브 오일 3 큰술
- 다진 셀러리 줄기 4 개
- 다진 마늘 2 쪽
- 닭육수 5 컵
- 토마토소스 1 컵
- 토마토 페이스트 3 큰술
- 오레가노 2 티스푼
- 바질 1 티스푼
- 소금과 후추 맛
- 1 15 온스. 카넬리니 콩을 먹을 수 있나요?
- 조리된 작은 이탈리안 파스타 2 컵

지도:

a) 큰 냄비에 고기를 5 분 동안 또는 더 이상 분홍색이 없어질 때까지 갈색으로 굽습니다. 방정식에서 제거하십시오.

b) 큰 프라이팬에 올리브 오일을 두르고 양파, 셀러리, 마늘을 5 분간 볶습니다.

c) 육수, 토마토 소스, 토마토 페이스트, 소금, 후추, 바질, 고추 플레이크를 넣고 잘 섞이도록 저어줍니다.

d) 냄비에 뚜껑을 닫습니다. 그런 다음 수프를 1 시간 동안 조리해야 합니다.

e) 쇠고기를 넣고 15 분간 더 조리합니다.

f) 콩을 넣고 섞어줍니다. 그 후 약한 불로 5 분간 끓입니다.

g) 약힌 파스타를 넣고 3 분간 또는 완전히 익을 때까지 조리합니다.

22. 타코 스프

제공량: 4

재료:

- 다진 쇠고기 1 파운드
- 올리브 오일 1 큰술
- 잘게 썬 중간 크기 양파 1 개
- 타코 시즈닝 2 팩
- 잘게 썬 토마토와 후추 캔 2 개(15 온스)
- 닭육수 2 컵
- 검은콩 1 캔(15 온스)
- 단옥수수 알갱이 1 개(15 온스) 캔
- 그레이트 노던 콩 1 캔(15 온스)
- 맛을 내기 위한 소금과 후추 토핑
- 신선한 레몬 주스
- 토르티야 스트립
- 갈은 몬테레이 잭 치즈
- 잘게 썬 토마토
- 얇게 썬 아보카도
- 다진 신선한 고수

지도

a) 중간 냄비에 소고기를 넣고 중간 불로 10 분 동안 가끔 갈색이 될 때까지 저어줍니다. 접시에 소고기를 숟가락으로 담아 따로 보관합니다.

b) 냄비에 올리브 오일을 데우고 양파를 3 분간 또는 부드러워질 때까지 볶습니다.

c) 소고기를 냄비에 다시 넣고 토핑을 제외한 나머지 재료를 넣습니다. 끓인 후 10 분 동안 또는 수프가 약간 걸쭉해질 때까지 끓입니다. 소금과 후추로 맛을 조절하세요.

d) 서빙 그릇에 수프를 담고 토핑을 추가합니다.

23. 찰리 맥

제공량: 4

재료:

- 다진 쇠고기 1 파운드
- 소금과 후추 맛
- 다진 양파 ½ 컵
- 다진 마늘 1 티스푼
- 짙은 붉은색 강낭콩 1 개(14 온스) 캔, 물기를 뺀 후 헹구기
- 잘게 썬 토마토와 후추 1 개(15 온스)
- 캔 토마토 소스 1 개(8 온스)
- 말린 마카로니 ½ 컵
- 물 ½ 컵
- 고춧가루 1 큰술
- 큐민 가루 ½ 티스푼
- 갈은 체다 치즈 1 컵
- 장식용 다진 신선한 파슬리

지도

a) 들러붙지 않는 중간 냄비에 쇠고기를 넣고 10 분간 또는 갈색이 될 때까지 조리합니다. 소금과 후추로 간을 합니다.

b) 양파와 마늘을 넣고 저어주세요. 3 분간 또는 양파가 부드러워질 때까지 조리합니다.

c) 파슬리와 체다치즈를 제외한 나머지 재료를 넣어주세요. 끓인 후 15~20 분 동안 또는 마카로니가 알단테가 될 때까지 끓입니다. 소금과 후추로 맛을 조절하세요.

d) 위에 체다 치즈를 뿌리고 냄비 뚜껑을 덮은 후 치즈가 녹을 때까지 1~2 분 동안 끓입니다.

e) 음식을 요리하고 따뜻하게 서빙하세요.

24. 쇠고기와 콩 챌리

재료:

- 헹구고 물기를 뺀 검정콩 또는 핀토콩 통조림 $\frac{1}{2}$ 컵
- 익힌 다진 쇠고기 $\frac{1}{3}$ 컵 (약 3 온스)
- 고품질 살사 $\frac{1}{3}$ 컵
- 얇게 썬 쪽파 1 티스푼
- 코셔 소금 $\frac{1}{4}$ 티스푼
- 잘게 다진 신선한 고수 잎 1 티스푼
- 토르티야 칩 약 6 개
- 과카몰리 1 티스푼, 서빙용
- 사워 크림 1 티스푼, 서빙용

지도

a) 작은 그릇에 콩, 다진 쇠고기, 살사, 쪽파, 소금을 함께 저어 12 온스 그릇에 붓습니다. 얼굴

b) 뚜껑을 덮고 전자레인지에 뜨거워질 때까지 약 2 분간 조리하세요. 3. 고수를 뿌리고 가장자리에 칩을 넣어줍니다.

c) 과카몰리와 사워 크림을 곁들여 보세요.

스낵과 디저트

25. 쇠고기 파자 머핀

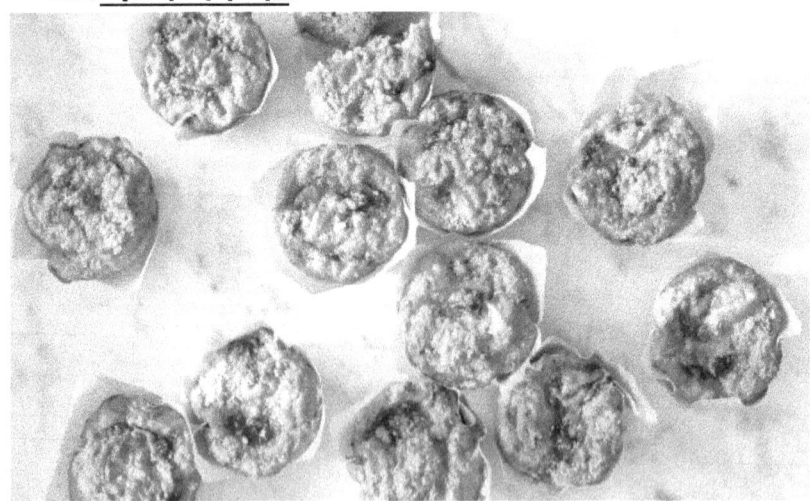

제작: 미니 피자 12 개

요리 시간: 25 분

재료

- 다진 쇠고기 1 파운드
- 다진 작은 양파 1 개
- 마늘가루 1/2 티스푼
- 소금 1/2 티스푼
- 흑후추 1/4 티스푼
- 스파게티 소스 1-1/2 컵
- 잉글리시 머핀 6 개, 분할
- 잘게 썬 저지방 모짜렐라 치즈 1 컵(4 온스)

지도

a) 오븐을 400°F 로 예열하세요.

b) 큰 프라이팬에 다진 쇠고기, 양파, 마늘 가루, 소금, 후추를 넣고 센 불에서 8~10 분간 또는 쇠고기가 갈색이 될 때까지 볶습니다. 액체를 배출한 다음 스파게티 소스를 넣고 저어줍니다.

c) 잉글라쉬 머핀을 열고 반쪽을 베이킹 시트에 놓습니다. 6~8 분간 굽거나 살짝 구울 때까지 굽습니다. 오븐에서 머핀을 꺼내고 그 위에 쇠고기 혼합물을 고르게 숟가락으로 얹습니다. 쇠고기 위에 모짜렐라 치즈를 고르게 뿌린다.

d) 머핀을 7~8 분 더 굽거나 완전히 가열되어 치즈가 녹을 때까지 굽습니다.

26. 스파게티 샌드

제공량: 8

요리 시간: 45 분

재료

- 익히지 않은 스파게티 1 파운드
- 1 병 (16 온스) 스파게티 소스 □ 3/4 파운드 다진 쇠고기
- 이탈리아식 빵가루 1/3 컵
- 계란 1 개
- 소금 1/2 티스푼
- 후추 1/4 티스푼

지도

a) 오븐을 화씨 350 도까지 예열하세요.

b) 포장의 지시사항에 따라 스파게티를 요리하세요.

c) 중간 크기 냄비에 스파게티 소스를 넣고 완전히 익을 때까지 약한 불로 가열합니다.

d) 한편, 큰 그릇에 미트볼 재료를 섞습니다: 다진 소고기, 빵가루, 계란, 소금, 후추, 잘 섞다. 미트볼 8 개를 만들고 테두리가 큰 쿠키 시트 위에 쿠킹 스프레이를 뿌린 후 20~25 분 동안 굽습니다.

e) 스파게티를 소스에 넣고 균알하게 코팅한 후 선데이컵에 담습니다. 미트볼을 각각 올려서 제공하십시오.

27. 쉬운 코티지 파이

제공량: 4

요리 시간: 25 분

재료

- 버터 6 테이블스푼을 나누어서
- 잘게 썬 양파 1 컵
- 1-1/2 파운드 살코기 다진 쇠고기
- 소금과 후추 맛
- 통조림 또는 병에 든 브라운 그레이비 1 컵(8 온스)
- 으깬 감자 2 컵

지도

a) 오븐을 400°F 로 예열하세요.

b) 큰 프라이팬에 버터 4 테이블스푼을 가열합니다. 양파를 넣고 살짝 갈색이 될 때까지 자주 저어주며 요리합니다. 쇠고기, 소금, 후추를 넣고 5 분간 끓입니다. 그레이비를 넣고 거품이 날 때까지 가열합니다.

c) 혼합물을 기름칠된 2 쿼트 캐서롤 접시에 숟가락으로 담습니다.

d) 으깬 감자를 고기 위에 펴고 남은 버터 조각을 뿌립니다.

e) 15~20 분간 또는 감자가 살짝 갈색이 될 때까지 굽습니다.

28. 멕시코 라쟈냐 롤업

제공량: 8

조리시간 : 50 분

재료

- 익히지 않은 라자냐 국수 8 개
- 살사 3 컵, 나누어서 준비
- 다진 쇠고기 1 파운드
- 1(1.25 온스) 패키지 타코 시즈닝 믹스
- 잘게 썬 몬테레이 잭 치즈 1 컵(4 온스)
- 사워 크림 1 컵(1/2 파인트)
- 물기를 뺀 블랙 올리브 1 캔(2.25 온스)(1/2 컵)

지도

a) 오븐을 화씨 350 도까지 예열하세요. 9 x 13 인치 베이킹 접시에 쿠킹 스프레이를 바르세요.

b) 포장 지침에 따라 라자냐 국수를 요리하십시오. 배수하고 따로 보관하십시오. 준비된 베이킹 접시 바닥에 살사 1 컵을 뿌립니다. 따로.

c) 중간 프라이팬에 갈색 같은 쇠고기를 중간 정도 높은 불로 약 10 분간 끓입니다. 과도한 액체를 배출하십시오. 타코 시즈닝 믹스와 살사 1 컵을 섞습니다.

d) 각 국수를 반으로 자르고 각 반에 쇠고기 혼합물 2 테이블스푼을 바르고 말아주세요. 베이킹 접시에 라자냐 롤업을 넣습니다. 남은 1 컵의 살사를 롤업 위에 붓고 위에 치즈를 뿌립니다. 알루미늄 호일로 느슨하게 덮고 22~25 분 동안 또는 치즈가 녹을 때까지 굽습니다.

e) 서빙하기 전에 각 롤업에 사워 크림 1 테이블스푼을 숟가락으로 얹고 얇게 썬 블랙 올리브를 뿌립니다.

29. 슬로우 쿠커 치즈 딥

제공량: 4

재료:

- 다진 쇠고기 1 파운드
- ½ 파운드 매콤한 돼지고기 소시지
- 2 파운드 큐브형 Velveeta
- 잘게 썬 토마토와 후추 캔 2 개(10 온스)
- 소금 맛

지도

a) 쇠고기와 소시지를 프라이팬에 넣고 중간 불로 10 분간 또는 갈색이 될 때까지 조리합니다.

b) 슬로우 쿠커에 혼합물과 남은 재료를 추가합니다. 소금으로 간을 하세요.

c) 밥솥을 닫고 HIGH(고)로 4 시간, LOW(저)로 8 시간 동안 요리하세요.

d) 뚜껑을 열고 잘 저어준 후 접시에 담그세요.

e) 베지스틱, 토르티야 스트립 등으로 따뜻하게 즐겨보세요.

피자

30. 쇠고기와 버섯 피자

재료

- 피자 껍질의 먼지를 제거하기 위한 다용도 밀가루 또는 피자 트레이에 기름칠을 위한 들러붙지 않는 스프레이
- 집에서 만든 반죽 1 개
- 무염 버터 1 테이블스푼
- 잘게 썬 작은 노란 양파 1 개(약 1½ 컵)
- 얇게 썬 크레미니 버섯 또는 흰색 양송이버섯 5 온스(약 11 / 2 컵)
- 살코기 다진 쇠고기 8 온스(1 / 2 파운드)
- 드라이 셰리, 드라이 버무스, 드라이 화이트 와인 2 테이블스푼
- 다진 파슬리 잎 1 테이블스푼
- 우스터소스 2 티스푼
- 줄기가 있는 백리향 잎 1 티스푼
- 다진 세이지잎 1 티스푼
- 소금 1/2 티스푼
- 갓 갈은 후추 1/2 티스푼
- 병에 담긴 스테이크 소스 2 테이블스푼
- 잘게 썬 체다 6 온스

지도

a) 피자 스톤에 신선한 반죽. 피자 껍질에 밀가루를 뿌리고 반죽을 중앙에 놓습니다. 반죽을 손끝으로 움푹 패여 큰 원 모양으로 만듭니다.

b) 피자 스톤에 신선한 반죽. 피자 껍질에 밀가루를 뿌립니다. 그 위에 반죽을 올리고 손가락 끝을 이용해 반죽을 큰 원 모양으로 만듭니다. 반죽의 가장자리를 잡고 직경이 약 14 인치인 원이 될 때까지 손으로 돌립니다. 밀가루를 뿌린 모양의 반죽을 껍질 위에 놓습니다.

c) 피자 트레이에 신선한 반죽이 있습니다. 들러붙지 않는 스프레이로 그리스를 바르십시오. 트레이나 베이킹 시트에 반죽을 놓고 손끝으로 딤플을 만듭니다. 그런

다음 트레이에서 14 인치 원이 형성되거나 베이킹 시트에서 불규칙한 12 ×
7 인치 직사각형이 될 때까지 당기고 누릅니다.

d) 구운 빵 껍질. 피자 스톤을 사용하는 경우 피자 껍질 위에 놓거나 구운 크러스트를
   피자 트레이에 바로 놓습니다.

e) 큰 프라이팬을 중간 불로 놓고 버터를 녹입니다. 양파를 넣고 부드러워질 때까지
   자주 저어주며 약 2 분간 조리합니다.

f) 버섯이 부드러워지고 액체가 나올 때까지 가끔 저어주면서 계속 요리합니다. 약
   5 분 동안 증발하여 유약이 됩니다.

g) 다진 쇠고기를 부숴서 가끔씩 저어주며 잘 갈색이 되고 완전히 익을 때까지 약
   4 분간 조리합니다.

h) 셰리주나 그 대용품인 파슬리를 넣고 저어주세요.
   우스터소스, 백리향, 세이지, 소금, 후추. 프라이팬이 다시 마를 때까지 계속
   저으면서 요리를 계속하세요. 불을 따로 보관하세요.

i) 스테이크 소스를 크러스트 위에 고르게 펴 바르고 가장자리에 1/2 인치 테두리를
   남겨둡니다. 잘게 썬 체다치즈를 얹어 테두리를 깨끗하게 유지하세요.

j) 다진 쇠고기 혼합물을 숟가락으로 떠서 치즈 위에 고르게 펴 바릅니다. 그런 다음
   껍질을 벗긴 피자를 뜨거운 돌 위에 놓거나 파이를 오븐 안의 피자 트레이나
   밀가루 시트 위에 놓거나 그릴 창살의 가열되지 않은 부분 위에 놓습니다.

k) 치즈에 거품이 나기 시작하고 크러스트의 가장자리가 갈색이 되고 만졌을 때 다소
   단단해질 때까지 뚜껑을 닫고 굽거나 굽습니다. 16~18 분 동안 굽습니다. 신선한
   반죽, 특히 가장자리, 특히 굽는 첫 10 분 동안 발생하는 기포를 터뜨리도록
   하세요.

l) 토핑이 떨어지지 않도록 조심하면서 껍질을 크러스트 아래로 밀어 넣은 다음 5 분
   동안 따로 보관하거나 피자 트레이에 피자를 놓고 같은 시간 동안 와이어 랙에
   올려 놓고 슬라이스하여 서빙합니다. 특히 토핑이 무거워서 불가능할 수도 있어요
   피자를 자르기 전에 껍질, 트레이 또는 베이킹 시트에서 쉽게 피자를 꺼내세요.

31. 미트볼 파자

재료

- 집에서 만든 반죽 1 개
- 살코기 다진 쇠고기 8 온스
- 다진 파슬리 잎 1/4 컵
- 알반 건조 빵가루 2 테이블스푼
- 1/2 온스 아시아고, 그라나 파다노, 잘게 다진 것
- 다진 오레가노 잎 2 티스푼
- 회향씨 1/2 티스푼
- 소금 1/4 티스푼
- 갓 갈은 후추 1/4 티스푼
- 다진 마늘 5 쪽
- 올리브 오일 1 테이블스푼
- 다진 작은 노란 양파 1 개
- 14 온스 캔 으깬 토마토
- 줄기가 있는 백리향 잎 1 티스푼
- 갈거나 간 육두구 1/4 티스푼
- 정향 가루 1/4 티스푼
- 고춧가루 1/4 티스푼
- 잘게 썬 모짜렐라 6 온스
- 얇게 썬 파르미지아나 2 온스

지도

a) 피자 스톤에 신선한 반죽. 피자 껍질에 밀가루를 뿌린 뒤 반죽을 중앙에 놓고 손가락 끝으로 움푹 패인 반죽을 큰 원 모양으로 만듭니다. 그것을 집어 들고 가장자리를 잡고 회전시키면서 직경이 약 14 인치가 될 때까지 부드럽게 늘려 모양을 만듭니다. 껍질 위에 밀가루를 뿌린 쪽이 아래로 향하도록 놓습니다.

b) 피자 트레이에 신선한 반죽이 있습니다. 종이 타월에 올리브 오일을 살짝 두르고 트레이에 기름을 바릅니다. 반죽을 중앙에 놓고 반죽이 납작한 원이 될 때까지

손끝으로 반죽을 딤플합니다. 그런 다음 트레이에서 14 인치 원형이 될 때까지 또는 베이킹 시트에서 불규칙한 12 × 7 인치 직사각형이 될 때까지 당기고 누릅니다.

c) 피자 스톤을 사용하는 경우 밀가루를 뿌린 피자 껍질 위에 놓거나 기름칠된 피자 트레이에 구운 크러스트를 놓습니다.

d) 큰 그릇에 다진 쇠고기, 파슬리, 빵가루, 갈은 치즈, 오레가노, 회향 씨, 소금 1½ 티스푼, 후추 1½ 티스푼, 다진 마늘 1 쪽을 잘 섞일 때까지 섞습니다. 각각 약 2 테이블스푼의 혼합물을 사용하여 10 개의 미트볼을 만듭니다.

e) 큰 냄비에 올리브 오일을 넣고 중간 불로 가열합니다. 양파를 넣고 나머지 다진 마늘 4 쪽을 넣고 부드러워질 때까지 자주 저어주며 약 3 분간 조리합니다.

f) 으깬 토마토, 백리향, 육두구, 정향, 고추 플레이크, 남은 소금 1/4 티스푼, 후추 1/4 티스푼을 넣고 섞습니다. 미트볼을 넣고 끓입니다.

g) 불을 약하게 줄이고 뚜껑을 덮지 않은 채 소스가 걸쭉해지고 미트볼이 완전히 익을 때까지 약 20 분간 끓입니다. 실온에서 20 분간 식혀줍니다.

h) 잘게 썬 모짜렐라 치즈를 준비된 크러스트 위에 펴고 가장자리에 1/2 인치 테두리를 남겨둡니다. 토마토 소스에서 미트볼을 꺼내어 따로 보관합니다. 테두리가 손상되지 않도록 주의하면서 토마토 소스를 숟가락으로 치즈 위에 펴 바릅니다.

i) 각 미트볼을 반으로 자르고 반쪽의 잘린 면이 파이 전체에 아래로 향하도록 놓습니다. 잘게 썬 피망을 얹은 다음 잘게 썬 파르미지아나를 얹습니다. 껍질을 벗긴 피자를 뜨거운 돌에 밀어 넣거나 피자를 오븐 안의 트레이나 베이킹 시트에 놓거나 그릴 창살의 가열되지 않은 부분 위에 놓습니다.

j) 소스가 거품을 일으키고 빵 껍질이 황금빛 갈색으로 변할 때까지 뚜껑을 닫고 16~18 분간 굽거나 굽습니다. 껍질을 껍질 아래로 밀어서 껍질에서 제거하세요. 뜨거운 돌을 사용하거나 트레이에 있는 파이를 와이어 랙으로 옮깁니다. 자르기 전에 5 분 동안 식혀주세요.

32. 시카고 스타일 피자

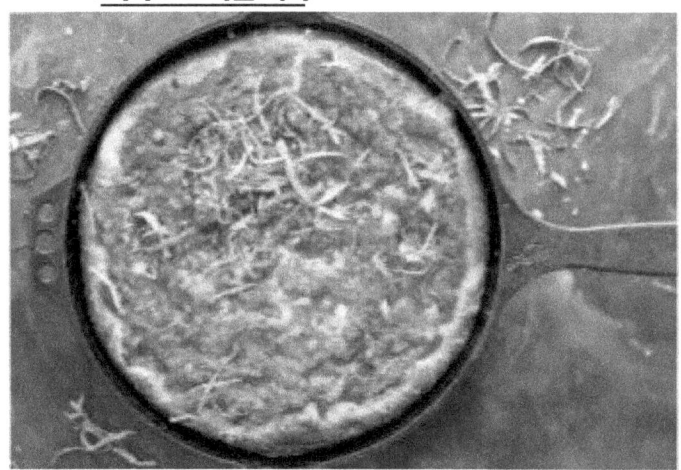

재료

- 피자소스 1 컵
- 12 온스 슈레드 모짜렐라 치즈
- 다진 쇠고기 1/2 파운드, 잘게 부숴서 요리함
- 1/4 파운드 이탈리안 소시지, 부서지고 요리됨
- 1/4 lb. 돼지고기 소시지 (부서져 익힌 것)
- 깍둑썰기한 페퍼로니 1/2 컵
- 잘게 썬 캐나다산 베이컨 1/2 컵
- 잘게 썬 햄 1/2 컵
- 얇게 썬 버섯 1/4 파운드
- 얇게 썬 작은 양파 1 개
- 씨를 제거하고 얇게 썬 녹색 피망 1 개
- 2 온스 갈은 파마산 치즈

지도

a) 반죽의 경우, 작은 그릇에 담긴 따뜻한 물에 이스트와 설탕을 뿌리고 거품이 생길 때까지 약 5 분간 그대로 둡니다.

b) 큰 그릇에 밀가루, 옥수수 가루, 기름, 소금을 넣고 가운데에 구멍을 낸 후 이스트 혼합물을 넣습니다. 부드러운 반죽이 되도록 저어주고 필요한 경우 밀가루를 더 추가합니다. 밀가루를 뿌린 판 위에 놓고 반죽이 부드러워지고 탄력이 있을 때까지 7~10 분간 반죽합니다. 큰 그릇에 옮기고 뚜껑을 덮고 따뜻한 곳에서 반죽이 두 배로 부풀 때까지 약 1 시간 동안 발효시킵니다. 펀치 다운.

c) 반죽을 13 인치 원형으로 굴립니다. 기름칠한 12 인치 피자 팬으로 옮기고 남은 부분을 접어서 작은 테두리를 만듭니다. 모짜렐라 치즈를 한 줌만 남기고 피자 소스를 뿌립니다. 고기와 야채를 뿌린다. 남은 모짜렐라와 파마산 치즈를 얹습니다. 따뜻한 곳에서 약 25 분 정도 발효시켜주세요.

d) 오븐을 475 도까지 가열합니다. 크러스트가 황금빛이 될 때까지 피자를 약 25 분간 굽습니다. 자르기 전 5 분 동안 그대로 두세요.

33. 더치 오븐 피자

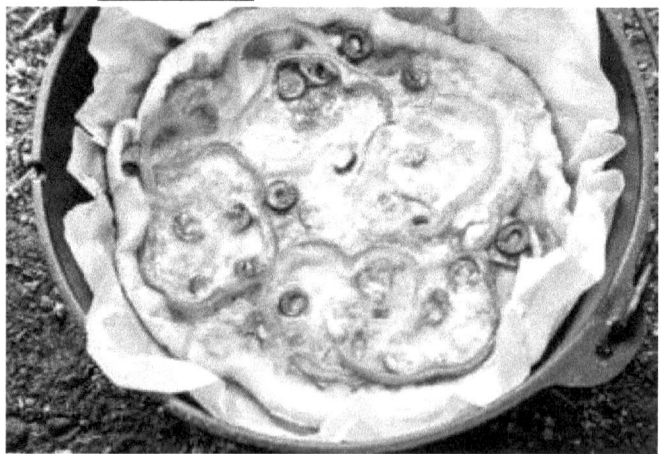

재료

- 2 팩 초승달 롤
- 피자소스 1 병
- 1 1/2 파운드 다진 쇠고기
- 슈레드 체다 치즈 8 온스
- 잘게 썬 모짜렐라 치즈 8 온스
- 4 온스 페퍼로니
- 오레가노 2 티스푼
- 마늘가루 1 티스푼
- 양파가루 1 티스푼

지도

a) 갈색 갈은 쇠고기, 배수구. 라인 더치오븐 1 팩. 초승달 롤. 반죽에 피자소스를 발라주세요.

b) 다진 쇠고기와 페퍼로니를 넣고 그 위에 오레가노, 마늘가루, 양파가루를 뿌린다. 치즈를 추가하고 두 번째 패키지를 사용하세요. 초승달 모양의 롤을 사용하여 상단 크러스트를 형성합니다.

c) 350 도에서 30 분간 굽습니다. 기타 잘게 썬 피망 등

34. 멕시코피자

재료

- 1/2 파운드 다진 쇠고기
- 소금 1/2 티스푼
- 말린 다진 양파 1/4 작은술
- 파프리카 1/4 티스푼
- 칠리 파우더 1-1/2 티스푼
- 물 2 테이블스푼
- 작은(직경 6 인치) 밀가루 토르티야 8 개
- 크리스코 쇼트닝 또는 식용유 1 컵
- 콩을 볶은 캔 1 개(16 온스)
- 잘게 썬 토마토 1/3 컵
- 순한 피칸테 살사 2/3 컵
- 잘게 썬 체다 치즈 1 컵
- 잘게 썬 몬터레이 잭 치즈 1 컵
- 잘게 썬 파 1/4 컵
- 얇게 썬 블랙 올리브 1/4 컵

지도

a) 다진 쇠고기를 갈색이 될 때까지 중간 불로 익힌 후 팬에서 여분의 지방을 빼냅니다. 소금, 양파, 파프리카, 고춧가루, 물을 넣고 중불에서 10 분 정도 끓입니다. 자주 저어주세요.

b) 프라이팬에 기름이나 크리스코 쇼트닝을 넣고 중불로 가열합니다. 기름에서 연기가 나기 시작하면 너무 뜨거운 것입니다. 기름이 뜨거워지면 토르티야를 한 면당 약 30~45 초 동안 튀기고 종이 타월 위에 따로 보관합니다.

c) 토르티야를 튀길 때 생긴 거품을 꼭 터뜨려 토르티야가 기름에 편평하게 놓이도록 하세요. 토르티야는 황금빛 갈색이 되어야 합니다. 볶은 콩을 작은 팬에 넣고 스토브 위나 전자레인지에 데우세요.

d) 오븐을 400F 로 예열하세요. 고기와 토르티야가 완성되면 먼저 토르티야 한 장의 표면에 콩을 1/3 컵 정도 펴서 각 파자를 쌓습니다. 다음으로 고기 1/4~1/3 컵을 펴 바르고 또띠아를 한 장 더 얹습니다.

e) 피자 위에 살사 소스 2 테이블스푼을 바르고 토마토를 쪼개어 그 위에 쌓으세요. 다음으로 치즈, 양파, 올리브를 나누어 순서대로 쌓습니다.

f) 피자를 뜨거운 오븐에 8~12 분 동안 넣거나 위에 있는 치즈가 녹을 때까지 굽습니다. 피자 4 개를 만듭니다.

35. 페퍼로니 피자 칠리

- 다진 쇠고기 2 파운드
- 1 파운드 핫 이탈리안 소시지 링크
- 다진 큰 양파 1 개
- 다진 큰 피망 1 개
- 다진 마늘 4 쪽
- 살사 1 병 (16 온스)
- 물기를 빼지 않은 핫 칠리빈 1 캔 (16 온스)
- 헹구고 물기를 뺀 강낭콩 1 캔 (16 온스)
- 1 캔 (12 온스) 피자 소스
- 반으로 자른 얇게 썬 페퍼로니 1 팩 (8 온스)
- 물 1 컵
- 고춧가루 2 작은술
- 소금 1/2 티스푼
- 후추 1/2 티스푼
- 잘게 썬 탈지 모짜렐라 치즈 3 컵 (12 온스)

지도

a) 더치 오븐에서 쇠고기, 소시지, 양파, 피망, 마늘을 중간 불로 가열하여 고기가 더 이상 분홍색이 아닐 때까지 조리한 후 물기를 뺍니다.

b) 살사, 콩, 피자 소스, 페퍼로니, 물, 칠리 파우더, 소금, 후추를 넣고 저어주세요. 종기에 가져다. 열을 줄이고 덮으십시오.

36. 피자 버거

- 다진 쇠고기 1 파운드
- 다진 올리브 1/4c
- 체다 치즈 1c
- 마늘가루 1/2t
- 18 온스 토마토소스 기능
- 잘게 썬 양파 1 개

지도

a) 마늘과 양파를 곁들인 갈색 고기.

b) 불을 끄고 토마토 소스와 올리브를 넣고 섞습니다.

c) 치즈와 함께 핫도그 빵에 넣습니다.

d) 호일에 싸서 350 도에서 15 분간 굽습니다.

37. 목요일 밤 피자

- 10 액량 온스 따뜻한 물
- 소금 3/4 티스푼
- 식물성 기름 3 큰술
- 4 *C*. 만능 밀가루
- 활성 건조 효모 2 티스푼
- 1 (6 온스) 캔 토마토 페이스트
- 물 3/4 컵
- 1 개(1.25 온스) 패키지 타코 시즈닝 믹스, 분할
- 고춧가루 1 티스푼
- 카이엔 고추 1/2 작은술
- 무지방 리프라이드 콩 1 캔(16 온스)
- 살사 1/3 컵
- 다진 양파 1/4 컵
- 1/2 파운드 다진 소고기
- 4 *C*. 잘게 썬 체다 치즈

지도

a) 제빵기에 물, 소금, 기름, 밀가루, 이스트를 제조사가 권장하는 순서대로 넣습니다.

b) 반죽주기를 선택하세요.

c) 몇 분 후에 반죽을 확인하십시오.

d) 반죽이 너무 건조하고 천천히 섞이지 않는 경우, 잘 섞이고 반죽이 부드러워질 때까지 한 번에 1 큰술씩 물을 추가하세요.

e) 한편, 작은 그릇에 토마토 페이스트, 타코 시즈닝 믹스 패키지의 3/4, 카이엔 고추, 칠리 파우더 및 물을 함께 섞습니다.

f) 다른 그릇에 살사, 튀긴 콩, 양파를 함께 섞습니다.

g) 큰 프라이팬을 가열하고 다진 소고기를 완전히 갈색이 될 때까지 요리합니다.

h) 프라이팬에서 여분의 기름을 배출합니다.

i) 남은 타코 시즈닝 1/4 봉지와 소량의 물을 넣고 몇 분간 끓입니다.

j) 열에서 모든 것을 제거하십시오.

k) 계속하기 전에 오븐을 화씨 400 도로 설정하세요.

l) 반죽 사이클이 끝나면 기계에서 반죽을 꺼냅니다.

m) 반죽을 2 개로 나누어 12 인치 팬 2 개에 넣습니다.

n) 각 반죽 위에 콩 혼합물을 한 겹 펴고 토마토 페이스트 혼합물, 쇠고기 혼합물, 체다 치즈를 한 겹 얹습니다.

o) 오븐에 있는 모든 것을 약 10-15 분 동안 요리하고 베이킹 시간의 중간 부분을 뒤집습니다.

38. 햄버거 피자

햄버거 빵 8 개, 분할

다진 쇠고기 1 파운드

- 다진 양파 1/3 컵
- 1 (15 온스) 캔 피자 소스
- 갈은 파마산 치즈 1/3 컵
- 이탈리안 시즈닝 2 1/4 티스푼
- 마늘가루 1 티스푼
- 양파가루 1/4 티스푼
- 으깬 고추가루 1/8 티스푼
- 파프리카 1 티스푼
- 2 C. 잘게 썬 모짜렐라 치즈

지도

a) 오븐을 브로일러로 설정하고 오븐 선반을 발열체에서 약 6 인치 떨어진 곳에 배치합니다.

b) 베이킹 시트에 빵 반쪽을 배열하고 빵 껍질이 아래로 향하도록 한 다음 브로일러 아래의 모든 것을 약 1 분 동안 조리합니다.

c) 이제 오븐을 화씨 350 도로 설정하세요.

d) 큰 프라이팬을 중간 불로 가열하고 쇠고기를 약 10 분 동안 요리합니다.

e) 프라이팬에서 여분의 기름을 배출합니다.

f) 양파를 넣고 약 5 분 동안 모든 것을 볶습니다.

g) 모짜렐라 치즈를 제외한 나머지 재료를 넣고 끓입니다.

h) 10-15 분 동안 가끔씩 저어주며 끓입니다.

i) 빵을 베이킹 시트에 배열하고 쇠고기 혼합물과 모짜렐라 치즈를 고르게 얹습니다.

j) 오븐에 있는 모든 것을 약 10 분 동안 요리하세요.

39. 백로드 피자

희석하지 않은 농축 버섯 수프 크림 1 캔(10.75 온스)

- 미리 구운 얇은 피자 크러스트 1 개(12 인치)
- 잘게 썬 체다 치즈 1 팩(8 온스)

지도

a) 다른 작업을 하기 전에 오븐을 화씨 425 도에 설정하세요.

b) 큰 프라이팬을 중간 불로 가열하고 쇠고기가 완전히 갈색이 될 때까지 요리합니다.

c) 프라이팬에서 여분의 기름을 배출합니다.

d) 버섯 수프 크림을 피자 크러스트 위에 고르게 올리고 그 위에 익힌 쇠고기를 얹은 다음 치즈를 얹습니다.

e) 오븐에 있는 모든 것을 약 15 분 동안 요리하세요.

40. 어린이 친화적인 피자

1 파운드의 신선한 다진 돼지고기 소시지

다진 양파 1 개

것 10 온스 가공된 아메리칸 치즈, 큐브형 것 32 온스 칵테일

호밀빵

지도

a) 다른 작업을 하기 전에 오븐을 화씨 350 도로 설정하세요.

b) 큰 프라이팬을 가열하고 소시지와 쇠고기를 완전히 갈색이 될 때까지 요리합니다.

c) 양파를 넣고 부드러워질 때까지 요리한 후 프라이팬에서 여분의 기름을 빼냅니다.

d) 가공 치즈 식품을 넣고 치즈가 녹을 때까지 조리하세요.

e) 쿠키 시트에 빵 조각을 놓고 각 조각 위에 쇠고기 혼합물을 한 숟가락씩 올려 놓습니다.

f) 약 12-15 분 동안 오븐의 모든 것을 요리하십시오.

41. 뻐터밀크 피자

1/4 파운드 얇게 썬 페퍼로니 소시지

1 (14 온스) 캔 피자 소스

- 냉장 버터밀크 비스킷 반죽 2 개(12 온스) 포장
- 양파 1/2 개, 얇게 썰어 고리 모양으로 분리
- 얇게 썬 블랙 올리브 캔 1 개(10 온스)
- 얇게 썬 버섯 1 개(4.5 온스)
- 잘게 썬 모짜렐라 치즈 1 1/2 컵 lc 잘게 썬 체다 치즈 1 컵

지도

a) 다른 작업을 하기 전에 오븐을 화씨 400 도에 설정하고 13x9 인치 베이킹 접시에 기름을 바르세요.

b) 큰 프라이팬을 중간 불로 가열하고 쇠고기가 완전히 갈색이 될 때까지 요리합니다.

c) 페퍼로니를 넣고 갈색이 될 때까지 요리한 후 프라이팬에서 여분의 기름을 빼냅니다.

d) 피자 소스를 섞고 불에서 모든 것을 제거하십시오.

e) 각 비스킷을 4 등분으로 자르고 준비된 베이킹 접시에 담습니다.

f) 쇠고기 혼합물을 비스킷 위에 고르게 놓고 그 위에 양파, 올리브, 버섯을 얹습니다.

g) 약 20-25 분 동안 오븐의 모든 것을 요리하십시오.

42. 우스터셔 피자

- 1/2 파운드 살코기 다진 쇠고기
- 잘게 썬 페퍼로니 1/2 컵
- 1 1/4 컵 피자 소스
- 부서진 페타 치즈 1 컵
- 우스터소스 1/2 티스푼
- 고추장 1/2 작은술
- 맛을 내기 위해 소금과 같은 후추
- 요리 용 스프레이
- 냉장 비스킷 반죽 캔 1 개(10 온스)
- 달걀 노른자 1 개
- 잘게 썬 모짜렐라 치즈 1 컵

지도

a) 다른 작업을 하기 전에 오븐을 화씨 375 도에 설정하고 쿠키 시트에 기름을 바르세요.

b) 큰 프라이팬을 중간 불로 가열하고 소고기가 완전히 갈색이 될 때까지 요리합니다.

c) 프라이팬에서 여분의 기름을 빼내고 불을 중간 정도로 줄입니다.

d) 피자 소스, 페퍼로니, 페타, 고추 소스, 우스터 소스, 소금, 후추를 넣고 약 1 분간 볶습니다.

e) 비스킷을 분리하고 약 3 인치 간격으로 준비된 쿠키 시트에 배열합니다.

f) 유리잔 바닥을 사용하여 각 비스킷을 눌러 바깥쪽 가장자리 둘레에 1/2 인치 테두리가 있는 4 인치 둥근 비스킷을 만듭니다.

g) 작은 그릇에 달걀 노른자와 물 1/4 티스푼을 넣고 잘 섞습니다.

h) 각 비스킷 컵에 소고기 혼합물 약 1/4 컵을 넣고 그 위에 모짜렐라 치즈를 얹습니다.

i) 약 15-20 분 동안 오븐의 모든 것을 요리하십시오.

43. 피자 리가토니

재료

- 1 1/2 파운드 다진 쇠고기
- 리가토니 파스타 1 개(8 온스) 패키지
- 잘게 썬 모짜렐라 치즈 1 팩(16 온스)
- 농축 토마토 수프 크림 1 캔(10.75 온스)
- 피자 소스 2 병(14 온스)
- 얇게 썬 페퍼로니 소시지 1 개(8 온스) 패키지

지도

a) 큰 팬에 소금을 살짝 넣은 끓는 물을 넣고 파스타를 8~10 분 정도 삶아주세요.

b) 물기를 잘 빼내고 따로 보관하세요.

c) 그 사이에 큰 프라이팬을 중간 불로 가열하고 쇠고기가 완전히 갈색이 될 때까지 요리합니다.

d) 프라이팬에서 여분의 기름을 배출합니다.

e) 슬로우 쿠커에 쇠고기를 넣고 파스타, 치즈, 수프, 소스, 페퍼로니 소시지를 넣습니다.

f) 슬로우 쿠커를 Low(낮음)로 설정하고 뚜껑을 덮어 약 4 시간 동안 조리하세요.

44. 멕시칸 스타일 파자

재료

- 다진 소고기 1 파운드
- 다진 양파 1 개
- 잘게 썬 중간 크기 토마토 2 개
- 소금 1/2 작은술, 후추 1/4 작은술
- 고춧가루 2 작은술, 커민 가루 1 큰술
- 콩을 볶은 캔 1 개(30 온스)
- 밀가루 토르티야 14 개(12 인치)
- 2C. 사워크림
- 잘게 썬 콜비 치즈 1 1/4 파운드
- 잘게 썬 몬테레이 잭 치즈 1 1/2 파운드
- 씨를 제거하고 얇게 썬 빨간 피망 2 개
- 씨를 제거하고 얇게 썬 녹색 피망 4 개
- 물기를 뺀 녹색 고추 1 개(7 온스)와 잘게 썬 토마토 3 개
- 잘게 썬 닭고기 1 1/2 컵
- 녹인 버터 1/4 컵
- 피칸테 소스 1 병(16 온스)

지도

a) 다른 작업을 하기 전에 오븐을 화씨 350 도로 설정하고 15x10 인치 젤리롤 팬에 기름을 바릅니다.

b) 큰 프라이팬을 중간 불로 가열하고 소고기가 완전히 갈색이 될 때까지 요리합니다.

c) 프라이팬에서 여분의 기름을 배출합니다.

d) 양파와 토마토 2 개를 넣고 부드러워질 때까지 조리합니다.

e) 볶은 콩, 칠리 파우더, 커민, 소금, 후추를 넣고 완전히 가열될 때까지 조리합니다.

f) 토르티야 6 개를 준비된 팬 위에 가장자리가 팬 측면 위로 잘 들어가도록 배열합니다.

g) 토르티야 위에 콩 혼합물을 고르게 펴 바르고 사워크림 절반, 콜비 치즈 1/3, 몬트레이 잭 치즈 1/3, 청양고추 1 큰술, 피망 스트립 1/3, 그리고 홍고추 1/3 개와 잘게 썬 토마토 1/3 개.

h) 토핑 위에 토르티야 4 장을 올리고 남은 사워크림을 얹은 뒤 잘게 썬 닭고기, 두 치즈 1/3 개, 빨강 및 녹색 피망, 칠리, 토마토를 얹습니다.

i) 이제 토르티야 4 개를 놓고 나머지 치즈, 고추, 토마토, 칠리를 올리고 마지막으로 잘게 썬 치즈를 맨 위에 올려주세요.

j) 돌출된 가장자리를 안쪽으로 접고 이쑤시개로 고정합니다.

k) 녹인 버터로 토르티야 표면을 닦습니다.

l) 약 35-45 분 동안 오븐의 모든 것을 요리하십시오.

m) 이쑤시개를 제거하고 자르기 전에 최소 5 분 동안 따로 보관해 두세요.

n) 피칸테 소스를 토핑하여 제공합니다.

미트볼

45.15 분 미트볼

산출량: 미트볼 15 개

요리 시간: 15 분

재료

- 다진 쇠고기 1 파운드
- 마른 빵가루 3/4 컵
- 물 1/2 컵
- 굵게 다진 신선한 파슬리 1/4 컵
- 계란 1 개
- 마늘가루 1-1/2 작은술
- 소금 1 티스푼
- 후추 1 티스푼
- 스파게티 소스 1 병(28 온스) ▯ 갈은 파마산 치즈 1/3 컵
- 잘게 썬 모짜렐라 치즈 1 컵(4 온스)(선택 사항)

지도

a) 큰 그릇에 다진 쇠고기, 빵가루, 물, 파슬리, 계란, 마늘 가루, 소금, 후추를 넣고 섞습니다. 잘 섞다.

b) 혼합물을 미트볼 15 개로 만들고 전자레인지용 9x13 인치 베이킹 접시에 넣습니다.

c) 중간 그릇에 스파게티 소스와 파마산 치즈를 섞습니다. 미트볼 위에 부어주세요.

d) 플라스틱 랩으로 덮고 전자레인지에 70% 전력으로 12 분 동안 또는 미트볼이 완전히 익을 때까지 조리합니다.

e) 원하시면 비닐랩을 제거하고 모짜렐라 치즈를 뿌려주세요. 70% 전력으로 전자레인지에 1~1~1/2 분 정도 추가로 또는 치즈가 녹을 때까지 조리하세요.

46. 토마토 소스에 미트볼

제공량: 4

재료:

- 올리브 오일 2 테이블스푼
- 8 온스 갈은 쇠고기
- 신선한 흰색 빵가루 1 컵(2 온스)
- 갈은 만체고 치즈나 파마산 치즈 2 테이블스푼
- 토마토 페이스트 1 테이블스푼
- 잘게 다진 마늘 3 쪽
- 잘게 썬 쪽파 2 개
- 잘게 썬 신선한 백리향 2 티스푼
- 강황 1/2 티스푼
- 소금과 후추, 입맛에 맞게
- 잘게 썬 매실 토마토 통조림 2 컵(16 온스)
- 레드와인 2 테이블스푼
- 다진 신선한 바질 잎 2 티스푼
- 다진 신선한 로즈마리 2 티스푼

지도:

a) 믹싱볼에 쇠고기, 빵가루, 치즈, 토마토 페이스트, 마늘, 쪽파, 달걀, 백리향, 강황, 소금, 후추를 넣고 섞습니다.

b) 손으로 혼합물을 12~15 개의 단단한 공으로 만듭니다.

c) 프라이팬에 올리브 오일을 넣고 중간 불로 가열합니다. 몇 분 동안 또는 미트볼의 모든 면이 갈색이 될 때까지 요리합니다.

d) 큰 믹싱볼에 토마토, 와인, 바질, 로즈마리를 섞습니다. 가끔 저어주면서 약 20 분 동안 또는 미트볼이 완성될 때까지 요리합니다.

e) 소금과 후추를 넉넉히 뿌린 후 데친 라피니, 스파게티 또는 빵과 함께 제공합니다.

47. 미트볼 꼬치

만드는 방법: 꼬치 6 개

총 시간: 12 분

재료

미트볼:

- 다진 쇠고기 1 파운드
- 계란 1 개
- 아몬드 가루 1/4 컵
- 다진 생강 1 티스푼
- 참기름 1/2 작은술
- 글루텐 프리 간장 1 1/2 테이블스푼
- 소스용으로 다진 쪽파 1/4 컵
- 글루텐 프리 간장 1 테이블스푼
- 녹인 버터 2 테이블스푼
- 참기름 1 작은술 ▯ 마늘가루 1/4 작은술 ▯ 꼬치용:
- 1 인치 크기로 세로로 자른 작은 호박 1 개 1 인치 크기로 자른 작은 붉은 양파 1/2 개
- 반으로 깍둑썰기한 중간 크기 크레미니 버섯 6 개

지도

미트볼:

a) 중간 크기의 믹싱볼에 미트볼 재료를 모두 넣고 잘 버무립니다. 혼합물로 약 18 개의 미트볼을 만듭니다.

b) 꼬치에 꽂힐 정도로 단단해질 때까지 가열된 붙지 않는 팬에서 미트볼의 각 면을 1~2 분 동안 굽습니다.

c) 작은 믹싱볼에 모든 소스 재료를 넣고 부드러워질 때까지 섞습니다.

꼬치의 경우:

d) 긴 꼬치 6 개에 미트볼 3 개, 버섯 반쪽 2 개, 양파 몇 개, 애호박 조각 2 개를 각각 놓습니다.

e) 소스를 꼬치의 모든 면에 꼼꼼히 발라줍니다.

f) 센 불에서 한 면당 약 2 분간 굽거나 야채가 익고 미트볼이 완전히 익을 때까지 굽습니다.

48. 푸짐한 스파게티 & 미트볼

재료

- 다진 양파 1 개
- 으깬 마늘 2 쪽
- 대충 다진 신선한 파슬리 잎 2 테이블스푼
- 아몬드 우유 1 컵
- 2 파운드 다진 쇠고기
- 큰 계란 2 개
- 갈은 파르미지아나 치즈 1/2 컵
- 소금과 후추
- 집에서 만든 스파게티 소스 2 컵
- 1 파운드 스파게티

지도

a) 프라이팬에 기름 3 테이블스푼을 넣고 중간 불로 가열합니다. 양파, 마늘, 파슬리를 추가하고 야채가 부드러워지고 여전히 반투명해질 때까지 약 10 분간 조리합니다. 냉각을 허용합니다.

b) 그릇에 우유를 충분히 부어주세요.

c) 계란, 치즈, 소금, 후추를 추가합니다. 모든 것을 잘 결합하십시오.

d) 갈은 쇠고기를 넣고 섞어서 섞습니다. 미트볼을 너무 많이 익히지 않도록 주의하십시오. 그렇지 않으면 딱딱해질 것입니다.

e) 혼합물을 매우 큰 미트볼 10 개로 나눕니다.

f) 팬에 기름 3 큰술을 두르고 앞뒤를 노릇하게 구워줍니다. 소스를 넣고 30 분간 끓입니다.

49. 치즈 미트볼

제공량: 3(미트볼 4 개)

재료:

- 1 온스 돼지 껍질
- 풀을 먹인 다진 쇠고기 1 파운드
- 핑크 바다 소금 $\frac{1}{2}$ 티스푼
- 잘게 썬 이탈리안 치즈 블렌드 1 $\frac{1}{2}$ 온스
- 큰 목초 계란 1 개
- 라드 $\frac{1}{2}$ 테이블스푼

지도:

a) 베이킹 시트에 양피지를 깔아 준비합니다. 오븐을 350°F 로 예열하세요.

b) 쇠고기, 돼지 껍질, 소금, 계란, 치즈, 라드를 그릇에 담습니다. 혼합물을 12 등분하여 공 모양으로 만듭니다. 베이킹 시트에 공을 놓습니다.

c) 미트볼을 약 20-30 분 동안 굽습니다. 약 10~12 분 정도 굽은 후 볼을 뒤집어 주세요. 미트볼이 잘 익었을 때 미트볼 중앙의 내부 온도는 165°F 가 되어야 합니다.

d) 에어프라이어가 있으면 미트볼을 에어프라이어로 조리할 수 있습니다. 에어프라이어로 요리하는 동안 볼을 여러 번 돌려보세요.

e) 팬에서 미트볼을 꺼내서 제공합니다.

50. 미트볼 & 스파게티 소스

미트볼 1 컵

소금 $\frac{1}{4}$ 티스푼

갈은 후추 $\frac{1}{4}$ 티스푼

갈은 파마산 치즈 $\frac{1}{2}$ 컵

- 살코기 다진 쇠고기 1 파운드
- 올리브 오일 1 테이블스푼
- 잘게 썬 양파 2 개
- 4 다진 마늘 정향 또는
- 2 다진마늘
- 캔 토마토 소스 14 온스
- 레드 와인 $\frac{1}{2}$ 컵 (선택 사항)
- 1 달콤한 피망
- 말린 잎 바질 1 티스푼
- 잎 오레가노 $\frac{1}{2}$ 티스푼

지도:

a) 고기를 1 인치 크기의 미트볼로 만듭니다. 스파게티 소스 요리에 추가하십시오.

b) 큰 냄비에 기름을 두르고 중간 불로 가열합니다. 양파와 마늘을 추가합니다. 2 분 동안 볶습니다. 남은 금액 추가
재료. 뚜껑을 덮고 끓여서 자주 저어줍니다.

c) 그런 다음 불을 줄이고 끓이면서 최소 15 분 동안 자주 저어줍니다.

51. 요구르트에 국수를 넣은 미트볼

다진 쇠고기 2 파운드

카이엔 고추, 강황, 고수풀, 계피 꼬집기

소금 & 후추

마늘 2 쪽

- 식물성 기름 1 테이블스푼
- 스페인 양파 1 개
- 6 잘 익은 자두 토마토 - 핵심,
- 썬드라이 토마토 4 개 □ 국수

지도:

a) 그릇에 쇠고기, 계피, 고수풀, 강황, 카이엔, 소금, 후추, 마늘 절반을 섞습니다.

b) 깨끗한 손으로 잘 섞은 다음 고기를 3/4 인치 미트볼 모양으로 만듭니다. 그것들을 따로 보관해 두십시오.

c) 큰 캐서롤에 기름을 데우고 양파를 넣고 미트볼을 넣습니다. 자주 뒤집어 요리하세요.

d) 매실 토마토와 남은 마늘을 추가합니다. 선드라이 토마토, 소금, 후추를 넣고 한두 번 저어주면서 약한 불로 5 분간 끓입니다.

e) 국수: 큰 냄비에 물을 넣고 끓입니다. 면을 넣고 끓입니다.

f) 요구르트, 마늘, 소금을 넣고 저어주세요. 잘 버무린 후 넓은 그릇 6 개에 옮깁니다.

52. 미트볼을 곁들인 스트라치아텔레

1 쿼트 닭고기 국물

물 2 컵

파스타 나 ½ 컵

잘게 썬 신선한 파슬리 1 타스푼

- ½ 파운드 살코기 다진 소고기
- 계란 1 개
- 향이 나는 빵가루 2 타스푼
- 갈은 치즈 1 타스푼
- 얇게 썬 당근 1 개
- 잎이 많은 시금치 ½ 파운드
- 잘게 썬 부분
- 잘게 썬 신선한 파슬리 2 타스푼
- 다진 작은 양파 1 개
- 계란 2 개
- 강판 치즈

지도:

a) 수프 냄비에 수프 재료를 넣고 약한 불로 끓입니다. 그릇에 고기 재료를 넣고 작은 미트볼을 많이 넣고 끓는 국물 혼합물에 넣습니다.

b) 작은 그릇에 계란 2 개를 풀어주세요. 나무 숟가락으로 계란을 천천히 떨어뜨리면서 계속 저어주면서 수프를 저어줍니다. 열에서 제거하십시오. 뚜껑을 덮고 2 분 동안 그대로 놓아두세요.

c) 강판 치즈와 함께 제공하십시오.

53. 미트볼과 라비올리 수프

올리브유 또는 샐러드유 1 테이블스푼

1 개의 큰 양파, 잘게 썬 것

1 마늘 정향, 다진 것

28 온스 통조림 토마토, 다진 것

- 토마토 페이스트 $\frac{1}{4}$ 컵
- 쇠고기 국물 13$\frac{1}{2}$ 온스
- 드라이 레드 와인 $\frac{1}{2}$ 컵
- 판치 말린 바질, 타임, 오레가노
- 12 온스 라비올리, 치즈가 가득한
- $\frac{1}{4}$ 컵 파슬리, 다진 것
- 파마산 치즈, 강판에 간
- 계란 1 개
- 부드러운 빵가루 $\frac{1}{4}$ 컵
- 양파 소금 $\frac{1}{4}$ 티스푼
- 1 마늘 정향, 다진 것
- 살코기 다진 쇠고기 1 파운드

지도:

a) 가열된 기름에 미트볼을 조심스럽게 갈색으로 만듭니다.

b) 양파와 마늘을 섞고 미트볼이 부서지지 않도록 주의하면서 약 5 분간 조리합니다. 토마토와 그 액체, 토마토 페이스트, 국물, 와인, 물, 설탕, 바질, 타임, 오레가노를 추가합니다.

c) 라비올리 추가

54. 불가리아 미트볼 수프

산출량: 8 인분

재료

- 다진 쇠고기 1 파운드
- 쌀 6 큰술
- 파프리카 1 티스푼
- 말린맛 1 티스푼
- 소금 후추
- 밀가루
- 물 6 컵
- 2 쇠고기 부용 큐브
- ½ 다발 파, 슬라이스
- 1 녹색 피망, 다진 것
- 2 당근, 껍질을 벗긴, 얇게 썬 것
- 3 개의 토마토, 껍질을 벗기고 다진 것
- 1 밀리미터 노란 고추, 분할
- ½ 다발 파슬리, 다진 것
- 계란 1 개
- 레몬 1 개 (주스만)

지도:

a) 쇠고기, 쌀, 파프리카 및 풍미를 결합하십시오. 소금과 후추로 맛을 낸다. 가볍게 그러나 철저하게 혼합하십시오. 1 안치 공 모양으로 만듭니다.

b) 큰 주전자에 물, 부용 큐브, 소금 1 테이블스푼, 후추 1 티스푼, 파, 피망, 당근, 토마토를 넣고 섞습니다.

c) 뚜껑을 덮고 끓인 다음 불을 줄이고 30 분간 끓입니다.

55. 미트볼과 프랑크푸르트 소시지

다진 쇠고기 1 파운드

계란 1 개, 약간 풀어서 준비

건조된 빵가루 ¼ 컵

잘게 썬 중간 크기 양파 1 개

- 소금 1 테이블스푼
- 칠리 소스 ¼ 컵
- 포도 젤리 ¼ 컵
- 레몬즙 2 테이블스푼
- 프랑크푸르트 1 컵

지도:

a) 쇠고기, 계란, 부스러기, 양파, 소금을 섞습니다. 작은 공 모양으로 만듭니다. 큰 프라이팬에 칠리 소스, 포도 젤리, 레몬 주스, 물을 넣고 섞습니다.

b) 열, 미트볼을 넣고 고기가 완전히 익을 때까지 끓입니다.

c) 서빙 직전에 프랭크를 추가하고 가열하세요.

56. 맨해튼 미트볼

살코기 다진 쇠고기 2 파운드

부드러운 빵가루 2 컵

다진 양파 $\frac{1}{2}$ 컵

계란 2 개

- 다진 신선한 파슬리 2 테이블스푼

- 소금 1 티스푼

- 마가린 2 테이블스푼

- 1 개 단지: (10 온스) 크래프트 살구 보존 식품

- 크래프트 바베큐 소스 $\frac{1}{2}$ 컵 사용법:

a) 고기, 부스러기, 양파, 계란, 파슬리, 소금을 섞습니다. 1 인치 미트볼 모양으로 만듭니다.

b) 오븐을 350 도까지 가열합니다. 중간 열에 큰 프라이팬에 마가린을 넣은 갈색 미트볼, 물을 빼다. 13 x 9 인치 베이킹 접시에 넣으세요.

c) 보존 식품과 바베큐 소스를 함께 저어주세요. 미트볼 위에 부어주세요. 가끔 저어주면서 30 분간 굽습니다.

57. 베트남 미트볼

살코기 다진 쇠고기 1½ 파운드

마늘 1 쪽, 으깬 것

달걀 흰자 1 개

셰리 1 테이블스푼

- 간장 2 테이블스푼 lv 액상 연기 ½ 티스푼
- 생선 소스 2 테이블스푼
- 설탕 1 꼬집
- 소금 1 개, 흰후추
- 옥수수 전분 2 테이블스푼
- 참기름 1 테이블스푼

a) 매우 부드러워질 때까지 믹서나 푸드 프로세서로 혼합물을 섞습니다.

b) 꼬치에 작은 미트볼을 만듭니다(꼬치당 미트볼 약 6 개).

c) 완벽하게 굽습니다.

58. 스웨덴 미트볼 전채

식용유 2 테이블스푼

다진 쇠고기 1 파운드

계란 1 개

부드러운 빵가루 1 컵

- 흑설탕 1 티스푼
- 소금 $\frac{1}{2}$ 티스푼
- 후추 $\frac{1}{4}$ 티스푼
- 생강 $\frac{1}{4}$ 티스푼
- 정향 가루 $\frac{1}{4}$ 티스푼
- 육두구 $\frac{1}{4}$ 티스푼
- 계피 $\frac{1}{4}$ 티스푼
- $\frac{2}{3}$ 컵 우유
- 사워 크림 1 컵
- 소금 $\frac{1}{2}$ 티스푼 사용법.

a) 프라이팬에 식용유를 데워주세요. 남은 것을 모두 섞어주세요 사워 크림과 소금 $\frac{1}{2}$ 티스푼을 제외한 재료.

b) 전채요리 크기의 미트볼(직경 약 1 인치)로 만듭니다. 완전히 익을 때까지 식용유를 사용하여 모든 면을 갈색으로 만듭니다.

c) 팬에서 꺼내 종이 타월로 물기를 빼냅니다. 여분의 기름을 붓고 팬을 약간 식힙니다. 브라우닝을 없애기 위해 소량의 사워 크림을 추가하고 저어줍니다. 그런 다음 남은 사워 크림과 소금 $\frac{1}{2}$ 티스푼을 넣고 잘 섞이도록 저어줍니다.

59. 아프간 코프타

- 양파 1 개를 잘게 다진다
- 풋고추 1 개를 잘게 다진다
- 1 파운드 다진 쇠고기
- 잘게 다진 마늘 정향 1 티스푼
- 고수씨 가루 $\frac{1}{2}$ 티스푼
- 소금과 후추 맛

지도:

a) 쇠고기, 양파, 후추, 마늘, 소금, 후추를 함께 반죽하십시오.

b) 맛이 섞이도록 30 분 동안 그대로 두세요. 16 개의 타원형 공으로 만듭니다.

c) 꼬치에 4 개를 꽂고 각 꼬치에 양파 4 개, 피망 4 개, 방울토마토를 번갈아 꽂습니다. 갈색이 될 때까지 약 5 분간 굽고, 뒤집어 반대쪽도 굽습니다.

60. 스코틀랜드식 미트볼

살코기 다진 쇠고기 1 파운드

계란 1 개, 약간 풀어서 준비

밀가루 3 테이블스푼

갓 갈은 후추 $\frac{1}{4}$ 티스푼

- 다진 양파 3 큰술
- 식물성 기름 3 테이블스푼
- 닭고기 국물 $\frac{1}{3}$ 컵
- 1 8 온스 캔 으깬 파인애플, 물기를 뺀 것
- 옥수수 전분 1$\frac{1}{2}$ 테이블스푼
- 간장 3 큰술
- 플레인 레드와인 식초 3 테이블스푼
- 물 2 테이블스푼
- 스카치 위스키 $\frac{1}{4}$ 컵
- 닭고기 국물 $\frac{1}{3}$ 컵 잘게 썬 피망 $\frac{1}{2}$ 컵 사용법

a) 처음 6 가지 재료를 결합합니다. 직경 약 1 인치의 공 모양으로 부드럽게 만듭니다.

b) 10 인치 프라이팬에 기름을 두르고 앞뒤로 노릇하게 구워줍니다.

c) 그동안 다음과 같은 스코틀랜드 소스를 만드세요.

d) 미트볼과 피망을 추가합니다. 약 10 분 정도 더 천천히 조리하세요. 밥과 함께 제공하십시오.

61. 하와이안 미트볼

다진 쇠고기 2 파운드

⅔ 컵 그레이엄 크래커 부스러기

다진 양파 ⅓컵

생강 ¼타스푼

- 소금 1 타스푼
- 계란 1 개
- 우유 ¼컵
- 옥수수 전분 2 테이블스푼
- 흑설탕 ½컵
- 식초 ⅓컵
- 간장 1 테이블스푼
- 다진 피망 ⅓컵것으깬 파인애플 캔 13½온스

지도:

a) 다진 쇠고기, 크래커 부스러기, 양파, 생강, 소금, 계란, 우유를 섞어 1 인치 크기의 볼로 만듭니다. 갈색으로 만들어 베이킹 접시에 담습니다.

b) 옥수수 전분, 황설탕, 식초, 간장, 피망을 섞습니다. 걸쭉해질 때까지 중간 불로 요리하세요. 으깬 파인애플과 주스를 추가합니다.

c) 미트볼을 가열하고 붓습니다. 철저히 가열하고 제공하십시오.

62. 러시아식 미트볼

다진 쇠고기 1 파운드

1 파운드 다진 송아지 고기

다진 양파 $\frac{1}{2}$ 컵

렌더링된 신장 지방 $\frac{1}{4}$ 컵

- 2 조각 잘라서 우유에 담가서 물기를 짜서 건조시킵니다

- 소금 2 티스푼

- 갈은 후추

- 고운 빵가루

- 버터나 쇠고기 지방

- 사워 크림 2 컵

- $\frac{1}{2}$ 파운드 얇게 썬 버섯, 볶은 요리 방법

a) 렌더링된 신장 지방에 양파가 시들해질 때까지 요리합니다. 쇠고기, 송아지 고기, 양파, 빵, 소금, 약간의 후추를 섞습니다. 잘 반죽하고 식하십시오.

b) 손을 적시고 혼합물을 금구슬 크기의 공 모양으로 만듭니다. 부스러기를 굴리고 버터나 쇠고기 지방을 넣어 전체적으로 갈색이 될 때까지 볶습니다. 제거하고 따뜻하게 유지하십시오.

c) 팬에 사워 크림과 버섯을 추가합니다. 열 고기 위에 소스를 부어주세요.

63. 지중해식 미트볼

다진 쇠고기 1 파운드, 잘게 썬 것

양념하지 않은 마른 빵가루 3 큰술

큰 계란 1 개

말린 파슬리 플레이크 1 티스푼

- 마가린 2 테이블스푼
- 마늘가루 $\frac{1}{4}$ 티스푼
- 으깬 말린 민트 잎 $\frac{1}{2}$ 티스푼
- $\frac{1}{4}$ 티스푼 말린 로즈마리 잎을 으깬 것
- 후추 $\frac{1}{4}$ 티스푼
- 말린 파슬리 플레이크 1 티스푼

지도:

a) 모든 미트볼 재료를 중간 크기 그릇에 섞습니다. 혼합물을 미트볼 12 개로 만듭니다.

b) 마가린, 마늘 가루, 팔리를 1 컵에 넣습니다.

c) 전자레인지에 45 초~1 분 동안 또는 버터가 녹을 때까지 가열하세요.

d) 미트볼을 마가린 혼합물에 담가서 덮고 로스팅 랙에 놓습니다.

e) 높음에서 15~18 분 동안 전자레인지에 돌리거나 미트볼이 단단해지고 중앙이 더 이상 분홍색이 아닐 때까지 조리하는 동안 랙을 돌리고 미트볼을 두 번 다시 배열합니다. 원한다면 뜨거운 밥이나 쿠스쿠스를 곁들여 드세요.

64. 그리스 미트볼

1½ 파운드 다진 둥근 스테이크

계란 2 개, 가볍게 구타당하다

빵가루 ½ 컵, 좋다, 부드럽다

중간 크기 2 개 양파, 잘게 썬 것

- 파슬리 2 테이블스푼, 신선한 것, 다진 것
- 민트 1 테이블스푼, 신선한 것, 다진 것
- 계피 ¼ 티스푼
- 올스파이스 ¼ 티스푼
- 소금과 신선한 후추
- 튀김용 쇼트닝

지도:

a) 쇼트닝을 제외한 모든 재료를 넣고 잘 섞어주세요.

b) 몇 시간 동안 냉장 보관하십시오. 작은 공 모양으로 만들어 녹인 쇼트닝에 넣어 볶습니다. 뜨겁게 서빙하세요.

65. 간편한 스웨덴식 미트볼

다진 쇠고기 2 파운드

갈은 양파 1 개 빵가루 $\frac{1}{2}$ 컵

소금, 후추

- 우스터셔 소스 1 티스푼
- 계란 2 개, 풀어서
- 버터 4 테이블스푼
- 스톡 또는 콩소메 2 컵
- 밀가루 4 테이블스푼
- 셰리 $\frac{1}{4}$ 컵

지도:

a) 처음 6 가지 재료를 섞어서 작은 공 모양으로 만듭니다. 버터에 브라운

b) 육수를 추가하고 프라이팬을 덮고 15 분간 끓입니다. 미트볼을 제거하고 따뜻하게 유지하세요.

c) 약간의 찬물과 밀가루를 섞어 그레이비를 걸쭉하게 만듭니다. 5 분간 요리하고 셰리주를 추가합니다. 그레이비에 미트볼을 다시 데우세요.

66. 가나 미트볼 스튜

다진 쇠고기 2 파운드

레몬즙 1 티스푼

1 개의 큰 계란, 약간 구타당함

양파 1 컵, 잘게 다진 것

- 소금 1 작은술, 후추 1 작은술

- 1 대시 마늘 가루

- 육두구 가루 1 티스푼

- 다용도 밀가루 1½ 테이블스푼

- 식용유 ½ 컵

- 1 개의 중간 양파, 슬라이스

- 토마토소스 1 컵

- 중간 크기 토마토 1 개, 껍질을 벗기고 얇게 썬 것

- 1 피망, 슬라이스 방향

a) 큰 믹싱볼에 다진 쇠고기와 연화제, 레몬즙, 계란, 양파, 소금, 원하는 후추, 마늘, 육두구를 넣고 섞습니다.

b) 양념한 쇠고기를 한 스푼 크기로 12 개 정도 빚는다.

c) 그 사이에 큰 프라이팬에 기름을 두르고 중간 불로 가열합니다. 금속 숟가락을 사용하여 뒤집으면서 미트볼의 모든 면을 고르게 갈색으로 바릅니다.

d) 그레이비를 준비하려면 남은 식용유를 크고 깨끗한 프라이팬에 다시 넣고 남은 밀가루를 모두 갈색으로 바릅니다. 양파, 토마토 소스, 얇게 썬 토마토, 피망을 추가합니다.

e) 미리 준비해 둔 갈색 미트볼을 추가하고 뚜껑을 덮고 불을 줄여 끓입니다.

67. 광둥식 미트볼

다진 소고기 1 파운드

다진 양파 $\frac{1}{4}$ 컵

소금 1 티스푼

후추 1 티스푼

- 우유 $\frac{1}{2}$ 컵
- 설탕 $\frac{1}{4}$ 컵
- 옥수수 전분 1$\frac{1}{2}$ 테이블스푼
- 파인애플 주스 1 컵
- 식초 $\frac{1}{4}$ 컵
- 간장 1 티스푼
- 버터 1 테이블스푼
- 얇게 썬 셀러리 1 컵
- 얇게 썬 고추 $\frac{1}{2}$ 컵
- 볶은 아몬드 $\frac{1}{2}$ 컵

a) 소고기, 양파, 소금, 후추, 우유를 섞어 작은 미트볼 20 개를 만듭니다.

b) 설탕과 옥수수 전분을 섞으세요. 액체를 섞고 버터를 첨가하십시오.

c) 투명해질 때까지 약한 불로 요리하고 계속 저어줍니다.

d) 야채를 넣고 5 분간 천천히 가열합니다.

e) 밥 위에 미트볼을 올리고 소스를 얹은 뒤 아몬드를 뿌립니다.

68. 축제 칵테일 미트볼

1½ 파운드 다진 쇠고기

1 분 쌀 1 컵

주스에 으깬 파인애플 1 캔(8oz)

당근 ½ 컵 [잘게 썬 것]

- 양파 ½ 컵 [잘게 썬 것]
- 달걀 1 개 [풀어서]
- 생강 1 작은술 [가루]
- 8 온스 프렌치 드레싱
- 간장 2 테이블스푼

지도:

a) 마지막 2 개를 제외한 모든 재료를 그릇에 넣고 섞은 다음 1 인치 크기의 미트볼을 만듭니다.

b) 기름칠한 베이킹 시트 위에 올리고 예열된 오븐에서 굽습니다.

c) 간장과 드레싱을 섞는다.

d) 미트볼을 드레싱과 함께 따뜻하게 제공하세요.

69. 크랜베리 칵테일 미트볼

2 파운드 척, 접지

계란 2 개

⅓ 컵 케첩

간장 2 테이블스푼

- 후추 ¼ 티스푼
- 칠리 소스 12 온스
- 레몬즙 1 테이블스푼
- 콘플레이크 1 컵, 부스러기
- 신선한 다진 파슬리 ⅓ 컵
- 다진 녹색 양파 2 테이블스푼
- 마늘 1 쪽, 압착
- 16 온스 크랜베리 소스
- 흑설탕 1 테이블스푼

a) 처음 9 가지 재료를 큰 그릇에 넣고 섞습니다. 잘 저어, 고기 혼합물을 1 인치 공 모양으로 만듭니다.

b) 기름칠하지 않은 15x10x1 젤리롤 판에 넣습니다. 500F 에서 8~10 분간 굽습니다.

c) 미트볼의 물기를 빼고 냄비에 옮기고 따뜻하게 유지하세요.

d) 소스 팬에 크랜베리 소스와 남은 재료를 섞습니다. 거품이 생길 때까지 중간 불로 요리하고 가끔씩 저어줍니다. 미트볼 위에 부어주세요. 따뜻하게 서빙하세요.

70.와인 미트볼

1½ 파운드 척, 접지

양념한 빵가루 ¼ 컵

1 중간 양파, 다진 것

2 준비한 고추냉이 작은술

- 2 마늘 정향, 밀어 넣는
- 토마토 주스 ½ 컵
- 소금 2 티스푼
- 후추 ¼ 티스푼
- 마가린 2 테이블스푼
- 1 개의 중간 양파, 다진 것
- 밀가루 2 테이블스푼(다용도)
- 쇠고기 육수 1½ 컵
- 드라이 레드 와인 ½ 컵
- 갈색 설탕 2 테이블스푼
- 케첩 2 테이블스푼
- 레몬즙 1 테이블스푼
- 3 개의 진저냅, 무너진

지도:

a) 처음 8 가지 재료를 잘 섞어줍니다. 1 인치 공 모양으로 만들고 13x9x2 인치 베이킹 접시에 넣습니다. 450 도에서 20 분간 굽습니다. 오븐에서 꺼내 여분의 지방을 빼냅니다.

b) 큰 프라이팬에 마가린을 데우세요. 양파가 부드러워질 때까지 볶습니다. 밀가루에 섞으십시오. 점차적으로 쇠고기 국물을 넣고 계속 저어줍니다. 남은 재료를 추가합니다.

c) 약한 불로 15 분간 조리하세요. 미트볼을 넣고 5 분간 끓입니다.

71. 출레타스

다진 쇠고기 2 파운드

2 컵 파슬리 잔가지, 다진 것

3 노란 양파, 다진 것

계란 2 개, 약간 구타

- 소금 1 테이블스푼
- 파마산 치즈 ½컵, 갓 갈아 놓은 것
- 타바스코 소스 ½작은술
- 흑후추 1 티스푼
- 마른 빵가루 3 컵 Ø 올리브 오일

지도:

a) 부스러기를 제외한 모든 재료를 섞는다. 작은 칵테일 크기의 공으로 만듭니다.

b) 빵가루에 공을 굴립니다. 잘 진정하세요. 올리브 오일에 3~4 분간 볶습니다. 채핑 접시로 옮깁니다. 좋아하는 살사와 함께 디핑 소스로 드세요. 다진 쇠고기 1 파운드당 약 15 개를 만듭니다.

72. 풍로 요리 파티 미트볼

다진 쇠고기 1 파운드

잘게 말린 빵가루 $\frac{1}{2}$ 컵

$\frac{1}{3}$ 컵 양파, 다진 것

우유 $\frac{1}{4}$ 컵

- 1 개의 계란, 밟아 다진
- 1 테이블스푼 신선한 파슬리, 다진 것
- 소금 1 티스푼
- 흑후추 $\frac{1}{2}$ 티스푼
- 우스타소스 1 테이블스푼
- 야채 쇼트닝 $\frac{1}{4}$ 컵
- 1 12oz 병 칠리 소스
- 1 10oz 병 포도 젤리

지도:

a) 1 인치 크기의 미트볼 모양을 만듭니다. 전기 프라이팬에 넣고 중불로 10~15 분 동안 또는 갈색이 될 때까지 쇼트닝합니다. 종이 타월로 물기를 뺍니다.

b) 중간 냄비 (또는 동일한 전기 프라이팬)에 칠리 소스와 포도 젤리를 섞습니다. 잘 저어, 미트볼을 넣고 가끔씩 저어주면서 약한 불에서 30 분 동안 끓입니다.

c) 따뜻하게 유지하기 위해 냄비에 이쑤시개를 꽂아 서빙하세요.

73. 따뜻한 미트볼 샌드위치

26 온스 스파게티 소스, 각기 다른

신선한 빵가루 ½ 컵

1 개의 작은 양파, 잘게 썬 것

갈은 파마산 치즈 또는 로마노 치즈 ¼ 컵

- 계란 1 개
- 말린 파슬리 플레이크 1 티스푼
- 마늘가루 1 티스푼
- 다진 쇠고기 1 파운드 ▯ 이탈리안 샌드위치 롤 4 개

지도:

a) 모든 것을 결합하십시오.

74. 미트볼-가지 서브

살코기 다진 쇠고기 1 파운드

14 온스 바질 양념 스파게티 소스, 1 병

중간 크기 가지 1 개

올리브 오일 4½ 테이블스푼 각기 다른

- 중간 크기 적양파 1 개

- ¼ 파운드 버섯

- 4 바게트, 길이 6-8 인치 □ 프로볼로네 치즈 4 온스, 4 조각

지도:

a) 가지를 1/2~3/4 인치 크기의 스테이크로 썰어 접시에 놓고 소금을 뿌린 후 30 분간 물기를 뺍니다.

b) 다진 쇠고기를 직경 1½ 인치 미트볼 12 개로 만듭니다. 냄비에 넣고 약한 불로 자주 뒤집어가면서 눌어붙지 않도록 고르게 갈색이 되도록 익혀주세요. 스파게티 소스를 추가하세요. 미트볼이 잘 익도록 끓이세요.

c) 올리브유 3T 를 두르고 중불에서 가지를 살짝 볶아줍니다.

d) 소금과 후추를 뿌려 맛보십시오.

e) 4 분간 조리한 후 버섯을 추가합니다.

f) 바게트를 세로로 자르고, 식빵 아랫부분에 가지 스테이크를 얇게 얹은 후 미트볼 3 개로 덮어주세요.

g) 여분의 스파게티 소스를 넉넉하게 숟가락으로 얹고 미트볼 위에 양파와 버섯을 넉넉히 뿌립니다.

75. 미트볼 히어로 샌드위치

달라붙지 않는 식물성 오일 스프레이

1½ 파운드 살코기 다진 쇠고기

갈은 파마산 치즈 ½ 컵

계란 2 개

- 다진 신선한 파슬리 ¼ 컵
- 으깬 콘플레이크 ¼ 컵
- 3 마늘 정향, 다진 것
- 말린 오레가노 2½ 티스푼
- 갈은 백후추 ½ 티스푼
- 소금 ½ 티스푼
- 구입한 마리나라 소스 3 컵
- 6 개의 긴 이탈리안 또는 프렌치 롤, 세로로 나누어 구운 것
- 6 가지 섭취 방법

a) 주말 점심으로든, 간편한 주중 저녁으로든 만족스러운 클래식 샌드위치입니다.

b) 다진 쇠고기, 갈은 파마산 치즈, 달걀, 다진 신선한 파슬리, 다진 콘플레이크, 다진 마늘, 말린 오레가노, 갈은 백후추, 소금을 큰 그릇에 넣고 잘 섞습니다.

c) 물에 젖은 손을 사용하여 고기 혼합물을 1½ 안치 원형으로 만들고 준비된 시트 위에 균일한 간격으로 놓습니다.

d) 만졌을 때 단단해질 때까지 미트볼을 굽습니다.

76. 미트볼-가지 서브

살코기 다진 쇠고기 1 파운드

14 온스 바질 양념 스파게티 소스, 1 병

중간 크기 가지 1 개

올리브 오일 4½ 테이블스푼, 각기 다른

- 중간 크기 적양파 1 개
- ¼ 파운드 버섯
- 4 프렌치 브레드 샌드위치 롤
- 4 온스 프로볼로네 치즈, 4 조각

지도:

a) 가지를 1/2~3/4 인치 크기의 스테이크로 썰어 접시에 놓고 소금을 뿌린 후 30 분간 물기를 뺍니다.

b) 다진 쇠고기를 직경 1½ 인치 미트볼 12 개로 만듭니다. 냄비에 넣고 약한 불로 자주 뒤집어가면서 눌어붙지 않도록 고르게 갈색이 되도록 익혀주세요.

c) 양파는 얇은 고리 모양으로 자르고 버섯은 불규칙한 크기로 굵게 다져 따로 보관합니다.

d) 가지 스테이크를 깨끗이 헹구고 두드려서 말립니다. 올리브유 3 T 를 두르고 중불에서 가지를 살짝 볶은 후,

e) 소금과 후추를 뿌려 맛보십시오. 불을 끄고 물기를 빼주세요.

f) 4 분간 조리한 후 버섯을 추가합니다.

g) 바게트빵은 세로로 잘라서 윗부분과 아랫부분을 분리해주세요. 빵의 아래쪽 부분에 가지 스테이크를 얇게 얹은 다음 미트볼 3 개로 덮습니다.

77. 멕시코 토르티야 미트볼 수프

1½ 파운드 살코기 다진 쇠고기 야채

지도:

a) 다진 쇠고기에 고수, 마늘, 라임 주스, 커민, 핫 소스, 소금, 후추를 섞습니다. 1 온스 공으로 만듭니다.

b) 모든 면이 갈색이 될 때까지 약 5 분간 조리합니다.

c) 수프: 큰 수프 냄비에 식물성 기름 2 테이블스푼을 가열합니다. 양파와 마늘을 추가합니다.

d) 고추를 추가하고 2 분간 조리합니다. 토마토와 토마토 주스, 치킨 스톡, 칠리 파우더, 커민, 핫 소스를 추가합니다. 15~20 분 동안 끓입니다.

e) 작은 그릇에 밀가루와 닭고기 스톡을 섞습니다. 수프에 털다. 다시 끓입니다. 불을 줄이고 5 분 동안 끓입니다. 미트볼을 넣고 5 분간 더 끓입니다.

라면과 파스타

78. 하야시 다진 쇠고기 카레

제공량: 2

재료:

- 양파 1 개
- 당근, 반 컵
- 다진 쇠고기, 반 파운드
- 카놀라유, 한 스푼
- 케첩, 두 스푼
- 소금과 후추, 입맛에 맞게
- 옥수수 전분, 한 티스푼
- 쇠고기 육수 한 컵
- 사케, 한 스푼
- 삶은 계란 1 개

지도:

a) 계란을 삶아 작은 조각으로 자르거나 포크로 으깨십시오. 소금과 후추로 잘 간을 해주세요.

b) 기름을 가열하고 양파와 당근을 추가합니다.

c) 다진 쇠고기 위에 옥수수 전분을 뿌리고 야채를 넣어주세요. 쇠고기 육수 1/4 컵을 넣고 저으면서 다진 쇠고기를 으깨줍니다.

d) 쇠고기 육수, 케첩, 사케, 우스터 소스를 추가합니다.

e) 잘 섞어서 10 분간 또는 모든 액체가 증발할 때까지 조리합니다. 소금과 후추로 간을 맞춘다.

f) 파삭 파삭해질 때까지 별도의 팬에 양파를 볶습니다.

79. 스테이크를 곁들인 라면 누들 프라이팬

제공량: 2

재료:

- 양파 1 개
- 당근, 반 컵
- 다진 쇠고기, 반 파운드
- 카놀라유, 한 스푼
- 케첩, 두 스푼
- 소금과 후추, 입맛에 맞게
- 옥수수 전분, 한 티스푼
- 쇠고기 육수 한 컵
- 사케, 한 스푼
- 삶은 계란 1 개
- 우스터 소스, 1 큰술

지도:

a) 큰 프라이팬을 중불로 가열하고 기름을 가열합니다.

b) 스테이크를 추가하고 원하는 완성이 될 때까지 굽습니다 (중간 크기는 한 면당 약 5 분). 그런 다음 도마로 옮겨 5 분간 방치한 후 잘라냅니다.

c) 작은 그릇에 간장, 마늘, 라임 주스, 꿀, 카이엔을 섞어서 따로 보관해 둡니다.

d) 프라이팬에 양파, 고추, 브로콜리를 넣고 부드러워질 때까지 조리한 다음 간장 혼합물을 넣고 완전히 코팅될 때까지 저어줍니다.

e) 익힌 라면과 스테이크를 넣고 잘 섞일 때까지 버무립니다.

80. 일본식 카레볼

재료

- 반죽
- 1 컵 판코
- 식물성 기름 2 큰술
- 카레 충전
- 다진 쇠고기 100g
- 잘게 썬 중간 크기 양파 1 개
- 삶아서 으깬 감자 2 개
- 마늘가루 2 큰술
- 당근 1 개, 잘게 썬다
- 가람마살라 1 큰술
- 카레 루 60g

지도

a) 깨끗하고 중간 크기의 냄비에 기름을 두르고 당근, 양파, 마늘 가루를 넣고 볶은 후 부드러워질 때까지 조리합니다.

b) 쇠고기와 약간의 물을 넣고 20 분간 끓입니다

c) 불을 줄이고 카레와 마살라를 섞으세요. 섞이도록 저어주세요

d) 으깬 감자를 넣고 잘 섞어서 굳혀주세요

e) 오븐을 250 도까지 예열하세요

f) 충전물이 냉각될 때, 반죽을 공 모양으로 나누어 밀가루를 뿌린 표면에 반죽하고, 반죽 조각에 소를 조금 떠서 촘촘하고 견고한 공 모양으로 굴립니다.

g) 나머지도 똑같이 반복하고 각각에 기름을 바르고 채워진 반죽을 판코 위에 던지십시오.

h) 준비된 베이킹 트레이에 반죽을 담고 20 분간 굽습니다.

81. 모의 라면팟파이

: 4

재료

- 라면 2 개 (3 온스) 포장
- 다진 쇠고기 1 파운드
- 단옥수수 캔 1 개 (15 온스)
- 다진 양파 1/2 컵
- 식물성 기름

지도

a) 어떤 작업을 하기 전에 오븐을 350F 로 예열하세요.

b) 포장에 적힌 설명에 따라 면을 준비하세요. 큰 팬을 중간 불에 올려 놓습니다. 그 안에 기름을 튀기세요. 12 분 동안 양파와 함께 쇠고기를 요리하십시오.

c) 기름칠한 베이킹 팬 바닥에 혼합물을 펴 바릅니다. 물기를 뺀 후 옥수수와 라면을 얹어주세요.

d) 캐서롤을 오븐에 넣고 14~16 분간 조리하세요. 대접해

82. 스테이크를 곁들인 라면 누들 프라이팬

: 2

재료:

- 양파 1 개
- 당근, 반 컵
- 다진 쇠고기, 반 파운드
- 카놀라유 1 큰술 □ 케첩 2 큰술
- 소금과 후추, 입맛에 맞게
- 옥수수 전분, 한 티스푼
- 쇠고기 육수 한컵
- 사케, 한스푼
- 삶은 계란 1 개
- 우스터 소스, 한 스푼

지도:

d) 큰 프라이팬을 중불로 가열하고 기름을 가열합니다.

e) 스테이크를 추가하고 원하는 완성이 될 때까지 굽습니다(중간 크기는 한 면당 약 5 분). 그런 다음 도마로 옮겨 5 분간 방치한 후 잘라냅니다.

f) 작은 그릇에 간장, 마늘, 라임 주스, 꿀, 카이엔을 섞어서 따로 보관해 둡니다.

g) 프라이팬에 양파, 고추, 브로콜리를 넣고 부드러워질 때까지 조리한 다음 간장 혼합물을 넣고 완전히 코팅될 때까지 저어줍니다.

h) 익힌 라면과 스테이크를 넣고 잘 섞일 때까지 버무립니다.

83. 라면 라자냐

: 4

재료

- 라면 2 개 (3 온스) 포장
- 다진 쇠고기 1 파운드
- 계란 3 개
- 2 *C.* 잘게 썬 치즈
- 다진 양파 1 테이블스푼
- 스파게티 소스 1 컵

지도

a) 어떤 작업을 하기 전에 오븐을 325F 로 예열하세요.

b) 큰 프라이팬을 중간 불에 올려 놓습니다. 쇠고기에 양념 1 봉지와 양파를 넣고 10 분간 끓입니다.

c) 쇠고기를 기름칠한 베이킹 팬에 옮깁니다. 계란을 휘젓고 완성될 때까지 같은 팬에서 요리합니다.

d) 쇠고기 위에 잘게 썬 치즈 1/2 컵을 얹은 다음, 익힌 계란과 치즈 1/2 컵을 얹습니다.

e) 포장에 적힌 설명에 따라 라면을 삶아주세요. 물기를 빼고 스파게티 소스와 함께 버무려주세요.

f) 믹스를 치즈 층 전체에 펴 바릅니다. 남은 치즈를 얹어주세요. 오븐에서 12 분 동안 조리하세요. 라자냐를 따뜻하게 드세요. 즐기다.

84. 발효 샤천 국수

재료소스

- 발효 검은콩 1/2 테이블스푼
- 고추장 2 큰술
- 소흥주 1/2 테이블스푼 또는 드라이 셰리 1/2 테이블스푼
- 간장 1 티스푼
- 참기름 1 티스푼
- 설탕 1 티스푼
- 간 사천 고추 1/2 티스푼

국수

- 땅콩 기름 1 테이블스푼 또는 식물성 기름 1 테이블스푼
- 4 온스 다진 돼지 고기 또는 4 온스 갈은 쇠고기
- 쪽파 2 대, 흰 녹색 부분을 분리해 잘게 썬다
- 다진 마늘 1 쪽
- 다진 신선한 생강 1 티스푼
- 3C. 치킨 스톡
- 1 파운드 두부, 큐브
- 라면 2 개(4 온스) 포장, 패킷 제거

지도

a) 작은 믹싱볼 준비: 검은콩에 고추장, 막걸리, 간장, 참기름, 설탕, 사천고추를 넣고 부드러워질 때까지 으깨세요.

b) 큰 팬을 중간 불에 올려 놓습니다. 그 안에 기름을 가열하십시오. 돼지고기를 넣고 3 분간 볶습니다.

c) 대파 흰자, 마늘, 생강을 넣고 약한 불에서 1 분간 끓입니다.

d) 냄비에 검은콩 믹스와 국물을 넣고 섞습니다. 끓기 시작할 때까지 요리하세요. 불을 낮추고 두부를 넣고 저어주세요. 6 분간 조리하세요.

e) 포장에 적힌 설명에 따라 면을 준비하세요.

f) 서빙 그릇에 숟가락으로 담고 두부 믹스를 얹습니다.

g) 국수 창자를 뜨겁게 제공하십시오.

h) 즐기다.

85. 미국산 쇠고기 라면

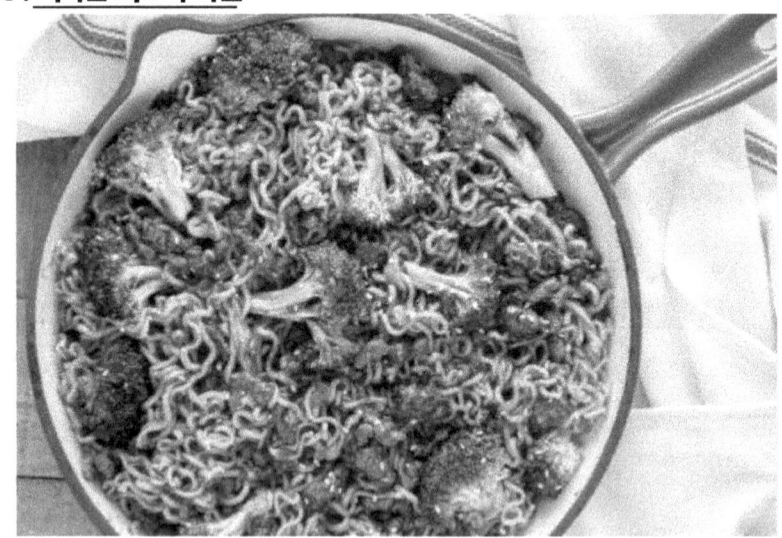

제공량: 4

재료

- 물기를 뺀 다진 쇠고기 1 파운드
- 쇠고기 맛 라면 국수 3 봉지
- 5 C. 끓는 물
- 물 1/4~1/2 컵
- 옥수수 캔 1 개 (16 온스)
- 완두콩 캔 1 개 (16 온스)
- 간장 1/4 컵
- 갈은 고추 1/2 티스푼
- 계피 1 대시
- 설탕 2 티스푼

지도

a) 큰 팬을 중간 불에 올려 놓습니다. 그 안에 기름을 튀기세요. 쇠고기를 넣고 8 분간 끓인다. 옆에 두십시오.

b) 큰 냄비를 중간 불에 올려 놓습니다. 끓기 시작할 때까지 5 C 의 물을 가열하십시오. 그 안에 국수를 3~4 분 동안 요리하세요.

c) 국수를 물에서 꺼내 쇠고기와 함께 프라이팬에 넣고 볶습니다.

d) 물, 옥수수, 완두콩, 간장, 고추, 계피, 설탕, 양념봉지 1.5 개를 추가합니다. 코트에 던져 넣으십시오.

e) 자주 저어주면서 6 분간 조리하세요. 라면 프라이팬을 뜨겁게 대접하세요.

86. 녹빙면 프라이팬

제공량: 1

재료

- 익힌 살코기 다진 소고기 1 파운드
- 잘게 썬 칠면조 베이컨 6 조각
- 라면 2 개 (3 온스) 포장
- 다진 마늘 3 쪽
- 잘게 썬 중간 크기 붉은 양파 1 개
- 잘게 썬 중간 크기 양배추 1 개
- 얇은 1 인치 조각으로 자른 당근 3 개
- 홍고추 1 개, 한 입 크기로 썬다
- 간장 2~4 큰술
- 3 C. 콩나물
- 가벼운 간장, 맛보기
- 으깬 고추 조각

지도

a) 큰 팬을 중간 불에 올려 놓습니다.

b) 바삭해질 때까지 베이컨을 요리하세요. 물기를 빼고 따로 보관하세요. 팬에 베이컨 기름을 2 테이블스푼 정도 두세요.

c) 4 분 동안 양파와 함께 마늘을 볶습니다. 간장 2 테이블스푼과 당근을 넣고 섞습니다.

d) 3 분간 조리하세요. 피망과 양배추를 넣고 7 분간 더 끓입니다.

e) 제조사의 지시에 따라 면을 삶아주세요.
지도. 물기를 빼고 올리브 오일을 뿌려서 저어주세요.

f) 소고기, 베이컨, 으깬 고추 플레이크를 조리된 야채와 함께 프라이팬에 넣고 볶습니다. 자주 저어주면서 4 분간 조리하세요.

g) 시간이 지나면 콩나물과 라면을 야채 믹스에 넣고 섞습니다. 항상 저어주면서 3 분 더 조리하세요.

h) 국수 프라이팬에 핫 소스를 곁들여 따뜻하게 드세요.

i) 즐기다.

87. 다진 쇠고기 라면 볶음

제공량: 3

재료

- 쇠고기 다진 것 2 컵
- 생강 페이스트 $\frac{1}{2}$ 작은술
- 껍질을 벗겨 얇게 썬 당근 2 개
- 얇게 썬 중간 양파 1 개
- 잘게 썬 마늘 3-4 개
- 소금과 후추, 입맛에 맞게
- 버터 3 테이블스푼
- 국수 3 팩, 익힌 것
- 국수 향신료 3 개 패키지
- 식용유 3 테이블스푼
- 식초 2 테이블스푼 사용법.

a) 냄비에 버터를 두르고 생강 페이스트, 마늘, 양파를 넣고 부드러워질 때까지 볶습니다.

b) 쇠고기 다진 고기를 넣고 더 이상 분홍색이 보이지 않을 때까지 요리합니다.

c) 국수에 향신료, 소금, 후추, 식초로 양념하세요. 결합하여 던지십시오.

d) 당근을 넣고 5~6 분간 조리합니다.

e) 당근이 익으면 국수를 넣고 잘 섞습니다.

f) 서빙 접시에 옮겨 뜨겁게 서빙하세요.

g) 즐기다.

88. 프랑스 라면팬

제공량: 1

재료

- 라면 2 개 (3 온스) 포장, 맛 상관없음
- 사워 크림 2 테이블스푼
- 버섯 수프 크림 1 캔 (10 1/2 온스)
- 물 1/2 컵
- 우유 1/2 컵
- 잘게 썬 양파 1/4 컵
- 프렌치 프렌치 프라이드 양파 1/4 컵
- 1/2 파운드 다진 쇠고기

지도

a) 무엇을 하기 전에 오븐을 375F 로 예열하세요.

b) 믹싱볼 준비: 껍질 벗긴 면, 양념 1 팩, 사워 크림, 스프 (원액) 물, 우유, 양파를 넣고 섞습니다. 큰 팬을 중간 불에 올려 놓습니다.

c) 8 분 동안 쇠고기를 요리하십시오. 물기를 빼고 국수 믹스에 첨가하세요. 코팅되도록 저어주세요.

d) 믹스를 기름칠한 팬에 붓습니다. 오븐에서 22 분 동안 조리하세요. 면 팬 위에 튀긴 양파를 얹고 오븐에서 12 분간 더 조리하세요.

e) 치즈를 얹은 후 따뜻하게 드세요.

f) 즐기다.

89. 피스타치오

재료.∅ 달라붙지 않는 쿠킹 스프레이

- 익힌 통밀 팔꿈치 마카로니 $\frac{1}{4}$ 컵
- 익힌 다진 쇠고기 $\frac{1}{2}$ 컵
- 잘게 썬 모짜렐라 $\frac{1}{4}$ 컵
- 3 테이블스푼 토마토 페이스트
- 2 테이블스푼 닭고기 국물
- 말린 백리향 $\frac{1}{8}$ 티스푼
- $\frac{1}{8}$ 작은술 계피 가루
- 코셔 소금 $\frac{1}{8}$ 티스푼 듬뿍
- 흑후추 3 개

지도

a) 16 온스 내부에 스프레이하십시오. 쿠킹 스프레이가 있는 머그잔

b) 작은 그릇에 모든 재료를 함께 섞은 다음 머그에 붓습니다.

c) 뚜껑을 덮고 전자레인지에 치즈가 녹을 때까지 약 2 분간 돌려줍니다.

재료

- 백미 또는 현미 ⅔ 컵
- 중간 크기 계란 4 개
- 올리브 오일 1 테이블스푼
- 다진 마늘 2 쪽
- 다진 시금치 4 컵

한우

- 포장된 흑설탕 3 테이블스푼
- 저나트륨간장 3 큰술
- 갓 간 생강 1 테이블스푼
- 참기름 1 ½ 작은술
- 스리라차 ½ 티스푼 (선택사항)
- 올리브 오일 2 티스푼
- 다진 마늘 2 쪽
- 다진 쇠고기 1 파운드
- 얇게 썬 파 2 개 (옵션)
- 참깨 ¼ 작은술 (선택사항)

지도

a) 포장 지침에 따라 밥을 요리하십시오. 따로.

b) 큰 냄비에 계란을 넣고 찬물로 1 인치 정도 덮습니다. 끓여서 1 분간 조리하세요. 꼭 맞는 뚜껑으로 냄비를 덮고 불을 끄십시오. 8~10 분 동안 그대로 놓아두세요. 물기를 잘 빼고 식힌 후 껍질을 벗기고 반으로 자릅니다.

c) 큰 프라이팬에 올리브 오일을 넣고 중간 불로 가열합니다. 마늘을 추가하고 향이 날 때까지 자주 저어주며 1~2 분간 조리합니다. 시금치를 넣고 2~3 분간 시들해질 때까지 조리합니다. 따로.

d) 쇠고기의 경우: 작은 그릇에 흑설탕, 간장, 생강, 참기름, 스리라차(사용하는 경우)를 함께 휘젓습니다.

e) 큰 프라이팬에 올리브 오일을 넣고 중간 불로 가열합니다. 마늘을 넣고 향이 날 때까지 계속 저으면서 약 1 분 동안 요리합니다. 다진 쇠고기를 넣고 갈색이 될 때까지 3~5 분간 조리합니다. 조리하는 동안 쇠고기가 부서지도록 하세요. 과도한 지방을 배출하십시오. 간장 혼합물과 파를 잘 섞을 때까지 저은 다음 완전히 가열될 때까지 약 2 분간 끓입니다.

f) 밥, 계란, 시금치, 다진 쇠고기 혼합물을 식사 준비 용기에 넣고 원하는 경우 파와 참깨로 장식합니다. 냉장고에 3~4 일 동안 덮어 둔다.

g) 완전히 가열될 때까지 30 초 간격으로 전자레인지에 다시 데우세요.

메인 코스

91. 양파 솔즈베리 스테이크

제공량: 6

조리시간: 40 분

재료

- 1-1/2 파운드 살코기 다진 쇠고기
- 달걀 흰자 3 개
- 양파 2 개, 각각 따로 잘게 썬다
- 일반 빵가루 3/4 컵
- 저지방 우유 1/2 컵
- 말린 이탈리안 시즈닝 1 테이블스푼
- 소금 1 티스푼
- 농축 쇠고기 국물 1 캔(10-3/4 온스)
- 저지방 농축 버섯 크림 수프 1 개(10-3/4 온스)
- 마늘가루 1/4 티스푼
- 흑후추 1/4 티스푼

지도

a) 오븐을 화씨 350 도까지 예열하세요.

b) 큰 그릇에 다진 쇠고기, 달걀 흰자, 다진 양파 1 개, 빵가루, 우유, 이탈리안 시즈닝, 소금을 넣고 섞습니다. 잘 섞다. 혼합물을 6 등분하여 타원형 패티 6 개를 만듭니다. 쿠킹 스프레이를 뿌린 테두리가 있는 베이킹 시트에 패티를 놓고 25~30 분간 굽거나 분홍색이 남지 않을 때까지 굽고, 요리 중간에 뒤집어 줍니다.

c) 쿠킹 스프레이를 뿌린 냄비에 남은 다진 양파를 3~4 분간 또는 부드러워질 때까지 볶습니다. 나머지 성분을 추가하고 잘 섞일 때까지 저어줍니다. 중간 불에서 8~10 분간 또는 완전히 따뜻해질 때까지 끓입니다.

d) 스테이크를 접시에 담고 소스를 얹습니다.

92. 가정식 미트로프

제공량: 10

조리시간 : 1 시간 35 분

재료

- 95% 살코기 다진 쇠고기 2 파운드
- 물기를 뺀 당근 1 개(8-1/4 온스)
- 물기를 뺀 버섯 줄기와 조각 1 개(13-1/2 온스)
- 콘플레이크 부스러기 1/2 컵
- 말린 다진 양파 1 테이블스푼
- 계란 대체품 1/2 컵
- 흑후추 1/2 티스푼
- 케첩 3 큰술

지도

a) 오븐을 화씨 350 도까지 예열합니다. 5 x 9 인치 빵 팬을 쿠킹 스프레이로 코팅합니다.

b) 큰 그릇에 다진 쇠고기, 당근, 버섯, 콘플레이크 부스러기, 다진 양파, 계란 대용물, 후추를 섞습니다. 잘 섞다. 빵틀에 담고 케첩을 고르게 펴 바릅니다.

c) 1~1/2 시간 동안 또는 분홍색이 남지 않을 때까지 굽습니다. 5 분 동안 앉아 있도록 하십시오. 여분의 액체가 있으면 붓고 얇게 썰어 서빙하세요.

93. 치즈버거 감자튀김

제공량: 4

요리 시간: 25 분

재료

- 냉동 감자튀김 1 봉자(32 온스)
- 다진 쇠고기 1 파운드
- 케첩 1/2 컵
- 노란 겨자 1/4 컵
- 소금 1/4 티스푼
- 흑후추 1/4 티스푼
- 다진 작은 양파 1 개
- 얇게 썬 딜 피클 1/2 컵
- 데워진 치즈 소스 3/4 컵

지도

a) 냉동 감자튀김을 베이킹 시트에 놓고 포장 지침에 따라 굽습니다.

b) 한편, 큰 프라이팬에서는 다진 쇠고기를 고열로 갈색이 될 때까지 약 6~8 분간 조리합니다. 과도한 지방을 배출하십시오.

c) 케첩, 겨자, 소금, 후추를 넣고 저어주세요. 잘 섞은 후 추가로 2~3 분간 또는 완전히 가열될 때까지 조리합니다.

d) 큰 접시에 감자튀김을 담고, 감자튀김 위에 고기 혼합물을 숟가락으로 얹고, 양파와 피클을 뿌린 다음, 모든 위에 치즈 소스를 고르게 뿌립니다. 즉시 봉사하십시오.

94. 구운 굴라시

제공량: 4

조리시간: 50 분

재료

- 다진 쇠고기 1-1/2~2 파운드
- 얇게 썬 버섯 1/2 파운드
- 다진 작은 양파 1 개
- 다진 마늘 1 테이블스푼
- 스파게티 소스 1 병(28 온스)
- 소금 1 티스푼
- 흑후추 1/2 티스푼
- 익히지 않은 팔꿈치 마카로니 8 온스
- 물 1/2 컵
- 잘게 썬 모짜렐라 치즈 1 컵(4 온스)

지도

a) 오븐을 화씨 350 도까지 예열하세요. 2-1/2 쿼트 캐서롤 접시에 쿠킹 스프레이를 바르세요.

b) 큰 프라이팬에 다진 쇠고기, 버섯, 양파, 다진 마늘을 넣고 중불에서 6~8 분간 또는 쇠고기에 분홍색이 남지 않을 때까지 자주 저어줍니다. 여분의 액체를 배출한 후 치즈를 제외한 나머지 재료를 추가합니다. 잘 섞다.

c) 준비된 캐서롤 접시에 혼합물을 넣고 뚜껑을 덮은 후 25 분간 굽습니다. 오븐에서 꺼내 모짜렐라 치즈를 얹어주세요. 오븐에 다시 넣고 뚜껑을 덮지 않은 채 15~20 분간 굽거나 완전히 가열되어 치즈가 녹을 때까지 굽습니다.

95. 이지 스트로가노프

제공량: 6

요리 시간: 15 분

재료

- 1-1/2 파운드 다진 쇠고기
- 얇게 썬 신선한 버섯 1 개(8 온스) 패키지
- 얇게 썬 큰 양파 1 개
- 16 온스 상자 사워 크림
- 희석하지 않은 버섯 수프 크림 1 캔(10-3/4 온스)
- 취향에 따라 마늘 소금과 후추(선택 사항)

지도

a) 1. 갈색 갈은 쇠고기를 큰 프라이팬에 넣고 부서지고 더 이상 분홍색이 아닐 때까지 저어줍니다. 소쿠리에 물을 빼고 물방울을 버립니다. 다진 쇠고기를 따로 보관하십시오.

b) 2. 프라이팬에 버섯과 양파를 넣고 중불에서 계속 저으면서 부드러워질 때까지 5 분간 조리합니다.

c) 3. 갈은 쇠고기, 사워 크림, 수프를 추가합니다. 가끔씩 저어주면서 중간 불로 5 분간 또는 완전히 가열될 때까지 요리합니다. 원하는 경우 마늘 소금과 후추를 넣어 맛을 냅니다. 뜨겁게 익힌 계란 국수 위에 즉시 서빙하세요.

96. 올인원 파에로기 프라이팬

제공량: 4

조리시간: 20 분

재료

- 식물성 기름 1 테이블스푼
- 다진 쇠고기 1 파운드
- 해동된 냉동 감자 피에로기스 1 개(16 온스) 포장
- 해동된 냉동 브로콜리 꽃 1 개(10 온스) 패키지
- 소금 1/2 티스푼
- 흑후추 1/4 티스푼
- 잘게 썬 체다 치즈 1 컵(4 온스)

지도

a) 큰 프라이팬에 기름을 두르고 중간 불로 가열한 다음 갈색 쇠고기를 5 분간 자주 저어줍니다.

b) 피에로기를 추가하고 완전히 가열될 때까지 4~5 분간 조리합니다.

c) 브로콜리, 소금, 후추를 넣고 섞은 후 치즈를 얹습니다.

d) 불을 약하게 낮추고 뚜껑을 덮고 2~3 분간 추가로 조리하거나 치즈가 녹고 브로콜리가 완전히 데워질 때까지 조리합니다.

97. 메이슨병 볼로네제

재료

- 올리브 오일 2 테이블스푼
- 다진 쇠고기 1 파운드
- 껍질을 제거한 이탈리안 소시지 1 파운드
- 다진 양파 1 개
- 다진 마늘 4 쪽
- 물기를 뺀 잘게 썬 토마토 캔 3 개 (14.5 온스)
- 토마토 소스 2 캔 (15 온스)
- 월계수 잎 3 개
- 말린 오레가노 1 티스푼
- 말린 바질 1 티스푼
- 말린 백리향 $\frac{1}{2}$ 티스푼
- 코셔 소금 1 티스푼
- 갓 갈은 후추 $\frac{1}{2}$ 티스푼
- 깍둑썰기한 저지방 모짜렐라 치즈 2 개 (16 온스) 패키지
- 포장 지침에 따라 조리된 조리되지 않은 통밀 푸실리 32 온스, 약 16 컵 요리

지도

a) 큰 프라이팬에 올리브 오일을 넣고 중간 불로 가열합니다. 다진 쇠고기, 소시지, 양파, 마늘을 추가합니다. 갈색이 될 때까지 5~7 분간 조리합니다. 조리하는 동안 쇠고기와 소시지를 부서지게 하세요. 과도한 지방을 배출하십시오.

b) 다진 쇠고기 혼합물을 6 쿼트 슬로우 쿠커에 옮깁니다. 토마토, 토마토 소스, 월계수 잎, 오레가노, 바질, 타임, 소금, 후추를 넣고 볶습니다. 뚜껑을 덮고 약한 불로 7 시간 45 분간 조리하세요. 뚜껑을 열고 슬로우 쿠커의 온도를 높이세요. 소스가 걸쭉해질 때까지 15 분 동안 계속 요리하세요. 월계수잎을 버리고 소스를 완전히 식혀주세요.

c) 뚜껑이 있고 입구가 넓은 유리병 16 개(24 온스)나 기타 내열 용기에 소스를 나눕니다. 모짜렐라와 푸실리를 얹습니다. 최대 4 일 동안 냉장 보관하세요.

d) 서빙하려면 뚜껑을 덮지 않은 채 전자레인지에 넣고 완전히 가열될 때까지 약 2 분 동안 조리하세요. 섞어서 섞으세요.

98. 야채를 곁들인 그리스식 쇠고기

제공량: 4

재료:

- 다진 쇠고기 1 파운드
- 소금과 후추 맛
- 올리브 오일 1 큰술
- 잘게 썬 중간 크기 당근 5 개
- ¼ 컵 + 화이트 와인 2 큰술 나누어서
- 손질하여 대충 다진 베이비 청경채 1 묶음
- 다진 마늘 3 쪽
- 씻어서 물기를 뺀 네이비빈 캔 1 개(15 온스)
- 잘게 다진 신선한 오레가노 2 큰술
- 갈은 파마산 치즈 ½ 컵
- 레몬즙 2 큰술

지도

a) 큰 프라이팬에 쇠고기를 넣고 중간 불로 10 분간 또는 갈색이 될 때까지 조리합니다.

b) 소금, 후추로 간을 하고 접시에 옮깁니다. 따로.

c) 같은 프라이팬에 올리브 오일을 넣고 당근을 약 5 분간 또는 부드러워질 때까지 볶습니다. 청경채, 마늘, 화이트 와인 ¼ 컵을 추가합니다. 3 분간 또는 청경채가 익을 때까지 요리하세요.

d) 쇠고기, 남색 콩, 오레가노 및 남은 화이트 와인을 넣고 저어줍니다. 3 분간 또는 콩이 따뜻해질 때까지 끓입니다. 불을 끄고 레몬즙을 위에 뿌려주세요.

e) 음식을 접시에 담아 파마산 치즈를 얹고 따뜻하게 차려냅니다.

99. 쇠고기 속을 채운 호박

수확량: 1 인분

재료

- 중간 크기 호박 1 개
- $\frac{1}{4}$ 파운드 다진 쇠고기
- 다진 양파 1 테이블스푼
- 다진 피망 1 테이블스푼
- 토마토소스 3 테이블스푼
- 파마산 치즈 2 테이블스푼 각기 다른
- 1 대시 마늘 가루
- 소금 1 대시

지도

a) 호박을 세로로 반으로 자릅니다. 펄프를 퍼내고 $\frac{1}{4}$ 인치 껍질만 남깁니다.

b) 펄프를 자르고 따로 보관하십시오. 작은 캐서롤에 다진 쇠고기, 양파, 피망을 넣습니다. 쇠고기가 갈색이 될 때까지 한 번 저어주며 뚜껑을 덮고 전자레인지에 1~2 분 동안 가열합니다. 물을 빼다.

c) 다진 쇠고기 혼합물에 호박 펄프, 토마토 소스, 파마산 치즈 1 테이블스푼, 마늘 가루, 소금을 추가합니다. 쇠고기 혼합물의 절반을 각 호박 껍질에 넣습니다. 남은 파마산 치즈 1 테이블스푼을 뿌립니다.

d) 속을 채운 호박을 전자레인지 로스팅 선반에 올려주세요. 튼튼한 플라스틱 랩으로 단단히 덮으십시오. 높은 전자레인지

   1 분 30 초

e) 접시를 반 바퀴 돌려 전자레인지에 1 $\frac{1}{2}$ ~ 3 $\frac{1}{2}$ 분 동안 또는 속이 채워지고 호박이 포크로 부드러워질 때까지 높음으로 설정합니다.

100.TexMex 캐서롤

분량: 4 인분

재료

- 다진 쇠고기 1 파운드
- 잘게 썬 중간 크기 양파 1 개
- 봉투 타코 시즈닝 믹스 $\frac{1}{2}$(1 25 온스)
- 살사 $\frac{1}{2}$(15~16 온스) 병
- 사워 크림 $\frac{1}{4}$ 컵
- 토르티야 또는 옥수수 칩 1$\frac{1}{2}$ 컵
- 갈은 체다치즈 $\frac{1}{4}$ 컵

지도

a) 중간 크기의 그릇에 다진 쇠고기, 양파, 타코 시즈닝 믹스를 섞습니다. 쇠고기가 더 이상 분홍색이 아닐 때까지 4~6 분 동안 뚜껑을 덮고 요리하며 요리 중간에 한 번 저어줍니다.

b) 살사와 사워 크림을 저어주세요. 2. 1$\frac{1}{2}$ 쿼트 캐서롤에 고기 혼합물의 절반, 토르티야 칩 전체, 남은 고기 혼합물을 넣습니다.

c) 뚜껑을 덮고 뜨거워질 때까지 1~2 분간 조리하세요.

d) 발견하다: 치즈를 뿌린다. 치즈가 녹을 때까지 1~2 분간 조리하세요.

e) 잘게 썬 양상추, 다진 토마토, 아보카도 슬라이스 등 좋아하는 타코 재료를 얹습니다.

결론

우리가 고전적이고 전통적인 식사보다 더 좋아하는 것은 없습니다. 입맛이 까다로운 사람들이 너무 많아서 가끔은 효과가 있는 레시피를 원할 때가 있습니다. 실험하고 싶고 약간의 다양성을 갖고 싶지만 신뢰할 수 있는 것이 필요합니다. 바로 여기에서 다진 쇠고기 요리법이 필요합니다!